ナカムラクニオ

猫思考

自由に生きるために
やらニャいこと

A to Z

猫は、いつだって自由だ。
ある時は、僧侶のように悟りを開き、
ある時は、旅人のように思うがままに生きる。
そして、哲学者のような目で世界を見つめる。
自分勝手で気に入らないことは無視。
それでもその気ままな性格は、
猫の魅力として人間たちに愛されています。
彼らは、いったい何を考えているのでしょうか?

美しい毛並みを輝かせ優雅に暮らす生活。
宇宙のように深く果てのない瞳の奥にある美しい思想。

何かを深く考えていそうで、実は何も考えていない……
かもしれない猫の行動や思考を、徹底解剖してみました。

そして、猫から学んだ「自由に生きるためにやらないこと」を『猫思考』と名付け、AからZの「やらないことリスト」にまとめました。
誤解している人も多いと思いますが、「To Do List／やることリスト」をこなしているだけでは、ただやることに追われてしまいます。それよりは、「Not To Do List／やらないことリスト」を意識することが重要。日々のやるべきことに、ただひたすら支配されないように、「引き算的行動を実践するための哲学」です。
この『猫思考』は、忙しい人間たちが、雑念や無駄な行動を極限まで減らし、シンプルな発想と行動を実践し、幸せになるために役立つ魔法の本。「猫的断捨離思考の手帖」なのです。

猫思考 自由に生きるために やらニャいこと A to Z

目次

はじめに ……… 3

Air ── 空気　どんな時も空気を読まニャい。 ……… 12
Age ── 年齢　何をする時も年齢なんて気にしニャい。 ……… 14

Balance ── バランス　狭い塀の上を歩くことを恐れニャい。 ……… 17
Big ── 大きい　自分のことを必要以上に大きく見せニャい。 ……… 20

Claw ── 爪　時には爪を立てることをためらわニャい。 ……… 21
Cause ── 引き起こす　みんなを「あっ」と驚かせても悪いと思わニャい。 …… 23

🐱 猫力テスト#1 ……… 25

Despair ── 絶望　いつ何時も、絶望しニャい。 ……… 26
Daze ── 夢中　年中夢中でいることをやめニャい。 ……… 28

Ear ── 耳　小さな耳でどんな声も聞き逃さニャい。 ……… 30

Feel ── 感じる　ビビビ！っと感じたことに逆らわニャい。 ……… 32

Group ── 群れ　群れて、淋しさをごまかさニャい。 ……… 35
Guilt ── 罪悪感　まったりとひなたぼっこすることに罪悪感を感じニャい。 …… 36

Honor ── 偉い　名誉なんて気にしニャい。 ……… 38

🐱 猫力テスト#2 ……… 41

Information ─ **情報** あやしい情報に惑わされニャい。……… 42

Joy ─ **楽しむ** 間違いや誤解を楽しむことを怖がらニャい。……… 44

Keep ─ **続ける** 納得いくまで続けることをやめニャい。……… 47

Lie ─ **嘘** 自分に、嘘をつかニャい。……… 50

Love ─ **愛情** 愛し愛されることをためらわニャい。……… 52

🐱 猫力テスト#3 ……… 55

Meet ─ **出会い** 偶然の出会いをおろそかにしニャい。……… 56

Must ─ **ねばならない** 「ねばならない」と思わニャい。……… 58

Name ─ **名前** 自分の名前にとらわれニャい。……… 60

NEET ─ **ニート** 引きこもることを悪いと思わニャい。……… 64

Ownership ─ **所有** 所有しニャいし、所有されニャい。……… 66

🐱 猫力テスト#4 ……… 67

Play ─ **遊ぶ** 遊びと学びをおろそかにしニャい。……… 68

Past ─ **過去** 失われた時を求めニャい。……… 71

Quick ─ **すばやい** 飛びかかるのも、逃げるのも躊躇しニャい。……… 72

Risk ─ **危険** 危険を察知することをおこたらニャい。……… 74

Self-denial ── **自己否定** 叱られても自分がダメダメだと思わニャい。……… 75

🐱 猫力テスト#5 ……… 79

Throw away ── **捨てる** 誰かがくれるおやつを遠慮しニャい。……… 80

Unenviable ── **うらやまない** 野良猫は、家猫をうらやまニャい。……… 82

Variation ── **変化** 変化することを他人のせいにしニャい。……… 85

World ── **世界** 世界を変えてやろうとしニャい。……… 86

X-road ── **交差点** 行くべき道を迷わニャい。……… 88

Yesterday ── **昨日** 昨日のことも明日のことも執着しニャい。……… 92

Zero ── **ゼロ** 「見えない」からって「ない」と決めつけニャい。……… 94

ネコメンタリー小説
ネコトピア
NECOTOPIA
猫楽園のつくりかた

- プロローグ ……… 98
- **1** ネコノミクス ……… 99
  NECONOMICS
- **2** ネコメンタリー ……… 110
  NECOMENTARY
- **3** ネコミュニケーション ……… 115
  NECOMMUNICATION
- **4** ネコシエーション ……… 123
  NECOTIATION
- **5** ネコミュニティ ……… 131
  NECOMMUNITY
- **6** ネコロジー ……… 139
  NECOLOGY
- **7** ネゴイズム ……… 146
  NEGOISM
- **8** ネコトピア ……… 152
  NECOTOPIA
- エピローグ ……… 156

おわりに ……… 159

Air — 空気
どんな時も空気を読まニャい。

僕はかつて、空気ばかり読んでいる人間でした。学校でも会社でも友達や上司の目を気にして行動し、発言を選んでばかり。そんな僕が会社を辞め、フリーランスで仕事をするようになって、初めて重要なことに気がつきました。

自由とは、空気を読まない「わがままでいられる状態」のことなのだと。

しかし、ブックカフェを始めたばかりの頃、この「自由でわがまま」でいられる状態に戸惑いました。メニューの名前、値段、働く日、時間まで自分で決めなければいけません。僕の場合、自由になればなるほどブレーキが利かなくなり、休みもなく働き続けてしまい、生活が不自由になっていきました。実は、自由にわがままを貫き通すことの方が、我慢するよりずっと難しい。だから、みんな我慢を選ぶのではないかと思います。

猫は、古代エジプトで神さまとして崇められていたことがあります。そのせいか、猫は現代でも自由気ままで、人間に飼われることはあっても、その貴族的な美意識を保っています。僕はこの猫の気まぐれな性格を、ネコ（猫）＋エゴイズム（自己中心的）＝「ネゴイズム（猫的自己中心主義）」と呼んでいます。簡単に言う

と、「自分のわがままを大切にする考え方」です。
猫のように、わがままでも愛される技術をもって、空気を読まないこと。
それこそが、幸せへの近道です。

猫思考 Check Point
☐ 空気を読まず、わがままを貫き通すべし。

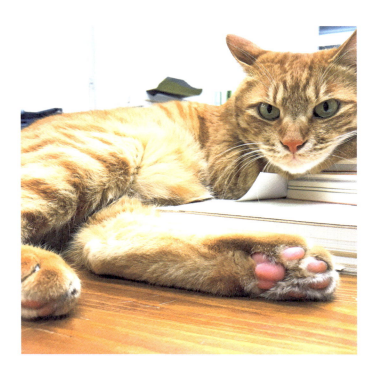

Age —— 年齢

何をする時も年齢なんて気にしニャい。

猫は生後半年から12歳くらいまで妊娠、出産できる。生殖能力は、なんと15歳くらいまでだそうです。つまり、人間なら75歳くらいまで恋愛をするのです。人間も猫のように、年齢を気にしないことが、人生を豊かにするコツかもしれません。

遅咲きの有名人も世界にはたくさんいます。日清食品を創業した安藤百福（ももふく）が、無実の罪で服役後、世界初のカップヌードルを発売したのは、61歳の時。

ケンタッキーフライドチキンの創業者カーネル・サンダースは、40以上の職を転々とし、事業に失敗し、65歳でフランチャイズという新しいビジネスを始めて、その後大成功。

いまや世界的に有名な小説家のJ.K.ローリングだって小説を書きはじめた時は、まったく売れず離婚。さらに貧困からうつ病を患い、自殺を考えるようになります。そして、生活保護を受けながら書き続けた小説があの『ハリー・ポッター』シリーズなのです。

91歳まで生きたピカソは恋多き画家としても有名ですが、彼が54歳の時に知り合った恋人のドラ・マールは当時28歳。感情的ですぐに泣く女性だったので、そこからインスピレーションを

得て描いたのが、あの有名な『泣く女』です。年齢を気にしないことが、いかに人生を成功させるかよくわかりますね。

猫思考 Check Point
☐ 仕事も恋愛も遊びも年齢なんて気にしない。

年齢

Balance ── バランス
狭い塀の上を歩くことを恐れニャい。

猫が狭い塀の上を悠々と歩いていく姿は、実に美しい。猫はバランス感覚抜群で、高いところから落ちても優れた空間認識能力で、体がどのような状態にあるのかわかるのです。

人間も猫のような「しなやかなバランス感覚」を持つことが大切です。
「身体」と「精神」のバランスだけでなく、「仕事」と「家庭」、「労働」と「休暇」、「時間」と「空間」のバランスも整えること。

もし何かと戦うなら、敵と味方のバランスが大切です。
何かを決断するなら、夢と現実のバランスが大切です。

猫思考 Check Point
☐ 上下左右、未来と過去、情熱と冷静のバランス感覚を大切にすること。

Big — 大きい
自分のことを必要以上に大きく見せニャい。

「おれは、100万回も　しんだんだぜ！」と自慢したのは、絵本の名作、佐野洋子さんの『100万回生きたねこ』のとら猫。

王様、船乗り、サーカスの手品師、どろぼう……いろんな人の猫として100万回生きた猫は、自慢しているうちは本当に大事なことがわからず、何度も生まれ変わってしまいました。
しかし、ある時、出会った1匹の美しい白猫と家族になり、猫はもう「おれは、100万回……」と自慢しなくなりました。たった1匹の白猫を「愛する」という大切なことに気がついた時、猫は本当に死ぬことができた。そして、決して生き返りませんでした。

肩書きとか、身分とかを振りかざすのではなく、猫のように自分の存在の大きさをそのまま見せることが大切。伝えたい人に、伝えたいことを、ちいさな言葉で届けるのが、幸せへの第一歩です。

> 猫思考 Check Point
> 100万人より、誰か1人のために生きる。

Claw — 爪
時には爪を立てることを
ためらわニャい。

ソファーの上で「へそ天」になって寝ている猫。お腹をスリスリさすってあげていたら、突然の猫パンチ！ お腹を撫でる時間が長過ぎると防御本能が働いて、このようなことが起きるそうです。「気持ちいい」にも、ちょうどよい距離感があります。

時には爪を立てて、断ることも大切。
なんでもかんでも受け入れない、引き受けないのが、猫思考です。それで誰かに嫌われても人間関係の断捨離だと思えばいいのです。

苦手な人や場所、気分の乗らない飲み会……、あなた1人が断ったとしても、実は、何も問題なんて起きません。
僕もある時から、イベントや取材をなんでもかんでも受けないようにお店の固定電話を解約し、連絡手段はTwitterかメールのみにしました。これだけでかなり精神的に楽になりました。油断すると、人のいい便利屋さんになってしまいます。
しかし、断る時は「できるだけ早く」、そして「断る理由」を簡潔に伝えることが大切。猫思考を実践していくと、一時的に人に嫌われることが増えるかもしれません。離れていく人もいるかも

しれない。でも、それはもともと必要のなかった関係なのです。気づけば不思議と心が楽になっているはず。結果的にはお互いにとって、よいことなのです。

猫思考 Check Point
☐ 嫌われるのは、他の誰かに愛されている証拠。

Cause —— 引き起こす
みんなを「あっ」と驚かせても悪いと思わニャい。

『長靴をはいた猫』という民話をご存知でしょうか。
ある粉ひきの職人が死んで、3人の息子に粉ひき小屋、ロバ、猫が遺産として分けられる。三男が自分には猫しかいないと嘆いていると、猫が「心配いりませんよ。まず、私に長靴と袋をください」と言って、斬新なアイデアでご主人様を王様の娘婿へと出世させてしまいます。みんなを「あっ」と驚かせ、自分を演出することの大切さを教えてくれるエピソードです。

猫も人も、何か面白いことが起きそうな気配に敏感です。自分にプラスになるようなことやものをつくれば、必ずみんな面白がってくれます。
自分が「あっ」と驚く事件を起こす存在になりましょう。

僕も猫のように常に何かをたくらんで、お客さんが「あっ」と驚くような仕掛けを考えています。イベントも本棚もメニューもすべて、「驚き」と「感動」が大切なのです。

猫思考 Check Point
☐ 自分らしい人生の演出をたくらんでみること。

猫力テスト #1

Q あなたが年齢に関係なく挑戦したいことは何?

猫はいつだってチャレンジャー。猫力を鍛えるためには、興味を持ったことに、一度は挑戦してみることが大切です。挑戦とは、自分自身の最高を目指す行為。いま「挑戦してみたいこと」を教えてください。(複数回答可)

_____

_____

_____

_____

Q あなたの「秘密基地」はどこですか?

秘密基地は子どもだけでなく、大人や猫にとっても必要です。家(第1の場所)でも職場や学校(第2の場所)でもない「第3の場所」は、「自分力」を高めてくれます。あなたの「秘密基地」を、教えてください。(複数回答可)

_____

_____

_____

_____

Despair ── 絶望

いつ何時も、絶望しニャい。

世界一自殺が少ないと言われる国は、どこかご存知でしょうか？
中東のヨルダンです。イスラム教において自殺が禁止されているという背景もありますが、ヨルダンでは自殺率が100万人に1人より低いそうです。
ヨルダンは、シリアとイスラエルの間にあって常に戦争の危険にさらされているようなイメージのある国ですが、数年前、取材で何度か訪問してみて、大きな誤解をしていたことを思い知らされました。日本より、はるかにヨルダンの人々は幸せそうだったのです。

昼間からおじさんたちが、猫のように公園にみんなで集まってひなたぼっこしたり、カフェで1日中遊んでいたり。理想郷のような場所でした。お世話になった地元のおじさんは「この国では、困った時、助けを呼べば、すぐに200人くらい友達が集まるんだ」と自慢していました。そして、「絶望するなんて、愚かな人間がすることだ」と言っていました。
絶望は、自分の心が生み出す幻。錯覚にすぎません。人間も猫のように絶望しない生き方を学ぶべきなのです。

猫思考 Check Point
☐ 絶望は「悟り」のチャンス。

D ― 絶望

Daze —— 夢中
年中夢中でいることをやめニャい。

ワクワクすることだけに集中している時、あっという間に時間が過ぎた経験をしたことはありませんか？
この現象を心理学者のチクセントミハイ博士は「フロー理論（Theory of Flow）」と名付けました。
博士の調査では、夢中になって本を読んだり、スマホでLINEしたりしていると時間を忘れてしまい、電車を乗り過ごしたりすることがわかりました。あまりにも集中したために周りに注意が及ばず、時間が経つのも忘れるような経験を「フロー（Flow）」と呼ぶのです。スポーツ選手も「フローゾーン」に入ることで、自分の実力を超えるような成果をあげることがあります。

猫の暮らしは、このフロー（夢中）の連続。ワクワクすることの積み重ねで成り立っています。猫に学んだ「FLOW LIFE」な暮らしを実現するのが、人間にとっても最高の幸せなのではないかと思います。

僕も、ひと言で自己紹介してくださいと言われた時は、「年中夢中のカフェ店主」と答えています。ブックカフェ「6次元」の店主、講師、芸術祭のキュレーター、金継ぎ作家など、年中夢中になれ

ることがすべて仕事になっているからです。誰もが猫のように夢中になって、自分の人生を楽しめる日が来たら素晴らしいと思います。

猫思考 Check Point
☐ 猫のように「年中夢中」になれることを探してみる。

Ear — 耳
小さな耳でどんな声も聞き逃さニャい。

猫の聴覚は、犬の2倍。人間の数倍もあると言われています。どこかに隠れて、しばらく見かけないと思っていたら、ピカ！ ゴロゴロゴロ……。ずっと遠くで鳴っていた雷の音が猫には聞こえていたなんてこともあります。

人間も視覚ばかりに頼らないで、猫のように耳を澄ませ、かすかな声を聞いてみることが大切です。

声には大きく分けて3種類あります。「みんなの声」、「相手の声」、「自分の声」。

意外なことに、一番聞こえないのは「自分の声」なのです。

困った時は、「自分インタビュー作戦」です。インタビューと言っても、相手の言葉を聞くということではありません。「本当は何をしたいの？」「後悔してない？」「言いたいことがあるんじゃないの？」こうやって、自分の中に眠っている言葉を、自分で引き出す作業をしてみましょう。

猫思考Check Point
☐ 自分の「本当」をインタビューして聞き出してみる。

Feel — 感じる
ビビビ！っと感じたことに逆らわニャい。

昔から、猫は霊が見えるとか、地震や災害を感知する能力があるとか言われます。人間も猫と同じように「第六感」を研ぎ澄ませてみるといいと思います。

アップルの創業者スティーブ・ジョブズはこんなことを言っています。
「最も大事なことは、自分の心に、自分の直感についていく勇気を持つことだ」

以前、「くらやみ書店」という真っ暗闇の中で本を選ぶイベントを開催したことがあります。真っ暗になると、人も匂いを嗅いだり触ったりして、自分が手にしたものがどんな本や雑誌なのかを意外と当てられることに驚きました。
その後開催した「くらやみ読書会」でも、参加した人々は普段よりも本音で話すようになり、感覚も鋭くなって動物的な本能を取り戻すようになっていました。第六感を育てる装置としての「暗闇」には、本来の自分に少し近づくことができる魔法があるのかもしれません。

猫思考 Check Point
□ 直感を信じた選択に間違いはない。

感じる

Group —— 群れ
群れて、淋しさを ごまかさニャい。

猫はひとりでいることを淋しいとは思わないようです。ひとりでふらりと遊びに出る日もあるし、家族がいても別の部屋の押し入れや高い家具の上で眠っていたり。いつだって猫ならではの「ひとり時間」を楽しんでいるのです。

淋しさをごまかすために、つながりを多くすると、つきあいのために時間を割かなければならなくなります。それに、つながりすぎるといろいろ面倒なことが増えます。そして、淋しさをごまかすためにつながったのに、逆に孤独になってしまうこともありませんか。だから、FacebookやTwitter、Instagramをやめてもいい。「ＳＮＳ疲れ」するくらいなら、すべてやめればいいのです。

つながりすぎる「デジタル時間」より、ひとりで、もの思いにふける「アナログ時間」こそ、いま大切にするべきことだと思います。

猫思考 Check Point
群れない、媚びない、馴れあわないこと。

Guilt — 罪悪感

まったりと ひなたぼっこすることに 罪悪感を感じニャい。

「ニート」は現代の社会問題とされていますが、いつの時代も「働かない人々」はいます。「怠け者」と呼ばれる人たちにも、実は深い歴史があるのです。

18世紀頃、イギリスの詩人・作家、サミュエル・ジョンソンの作品に描かれることによって、「怠惰こそ文化」と称する「アイドラー(怠け者)」という概念が生まれました。

19世紀には、『ウォールデン 森の生活』のヘンリー・デヴィッド・ソローのような「ボヘミアン(世間の習慣など無視して放浪的な生活をする人)」という考え方が生まれます。その後も「ローファー(無精者)」、「ソーンタラー(散歩者)」、「スラッカー(サボり屋)」が誕生。

そして、20世紀以降は、ビートニク、ヒッピー、ジェネレーションXなど様々な時代に「怠け者主義者」が、働かないことについて考えたり語ったりをしながら、偉大なる怠け者として名を遺していきました。

そう、「猫のように怠ける」とは、もはや文化のひとつなのです。「程よい懶(なま)けは生活に風味を添える」と、梶井基次郎も短編小説「犬を売る露店」の中で書いています。生活にスパイスを添える

つもりで、「ささやかな怠け」を楽しむのがオススメです。

猫思考 Check Point
☐ 「怠け」は人生のスパイスです。

罪悪感

Honor — 偉い
名誉なんて気にしニャい。

猫を愛し、猫を描き続けた画家の熊谷守一(くまがいもりかず)は、池袋近郊にある自宅(現在の熊谷守一美術館)の庭にゴロンと寝て、猫や虫や草木を眺めて飽きることなく1日を過ごしました。守一にとって、そこは無限のいのちが宿る場所だったのでしょう。

彼自身も猫みたいな人でした。「人がこれ以上来たら困る」という理由で、文化勲章の受章を辞退しました。取材に来た記者にはこう答えています。

「『いま何をしたいか、何が望みか』とよく聞かれますが、別に望みというようなものはありません。だがしいて言えば、『いのち』でしょうか。もっと生きたいことは生きたい。みなさんにさよならするのはまだまだ、ごめんこうむりたい、と思っています」

そして、守一は97歳まで生きました。そのたたずまいはまさに猫翁のようです。

地位や名誉よりも、猫のように自由や幸せであることを忘れないようにしたいものです。

猫思考 Check Point
「富」「権力」「名誉」より「自由」の大切さに気づくこと。

猫 カ テ ス ト #2

Q あなたの中の「未知なる能力」は何だと思いますか?

誰も知らない「自分の未知なる能力」を探してみましょう。
あなた自身も知らないことなので、自分自身にインタビューして、発掘してみることが大切です。(複数回答可)

Q あなたが「捨てたいこと」は、何ですか?

実はなくしても問題ないものを、思い切って捨てること。
これは、自由な「猫力」を鍛えるために、とても重要な決断です。いま「捨てたいこと」を教えてください。(複数回答可)

Information —— 情報
あやしい情報に惑わされニャい。

月夜の晩に野良猫が集まって集会をしている不思議な光景を目撃したことがあるはず。縄張りを意識しながら暮らしている猫にとって、定期的な集会は仲間の顔触れや子孫繁栄につながる異性を確認しておく、大事な情報交換の場なのです。

しかし、猫はどこからともなく流れてくるあやしい情報には惑わされません。
彼らは、集会で情報の選択能力を磨いているのかもしれません。

いまは、誰もが情報発信できるようになり、個人メディアが力を持つ時代になりました。あまりにも大量の情報が僕たちを取り囲んでいます。
僕はその中で、小さいながらも意志がはっきりある猫集会のような「小さな情報網」を常に大切にしています。発信者の顔が見える一次情報は、嘘偽りがなく信頼できるからです。
質の良い情報を選択する能力は、幸せに生きていく要素のひとつなのです。

猫思考 Check Point
☐ 多すぎる情報に流されないように、小さな情報網を大切に。

情報

Joy — 楽しむ
間違いや誤解を楽しむことを怖がらニャい。

とある文学作品に関して新聞社から対談を頼まれた時に、僕がいろんな職業を持っているため、「文芸評論家」という肩書きでいいですか？ と担当者の方に確認されたことがあります。「それはちょっと……」と思いましたが、なんだか、別の人生を歩んでしまったみたいで楽しい体験でした。カフェで小説講座のイベントをしているだけなのに、勝手に誤解が拡がっていきます。でもそれがまた面白いところで、気づいたら誤解が現実になっていく、ということも多々あります。

しばらくすると、専門学校から文学の講師の依頼がありました。誰も僕のことを専門家だと疑っていないのです。このように、日常が小説のように現実か幻想かわからなくなっていくのは興味深い現象です。世界は奇妙な「誤解の循環」を繰り返しながら回っているのかもしれない。それ以来、誤解されても気にしない、訂正しないことにしています。

僕の大好きな芸術家の岡本太郎は、こんな言葉を遺しています。「人は誤解を恐れる。だが本当に生きようとする者は、当然誤解される。誤解される分量に応じて、その人は強く豊かなのだ」

猫思考 Check Point
「大いなる誤解」と「理解」は紙一重。

— 楽しむ

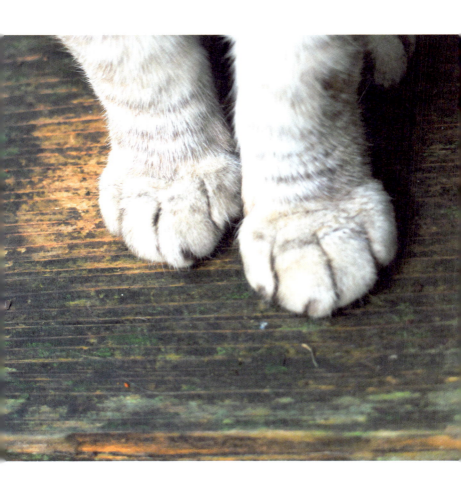

Keep ── 続ける
納得いくまで続けることをやめニャい。

ミヒャエル・エンデの作品『魔法のカクテル』は、悪い魔術師と魔女が「願いをかなえるカクテル」を作り、それを知った猫とカラスが世界征服を阻止するというお話です。

いまや世界的に有名なエンデですが、最初から人気があったわけではありません。西ドイツ（当時）のバイエルン放送局で働きながら、友人に絵本の共同製作を持ちかけられ『ジム・ボタンの機関車大旅行』を書きます。

その後、エンデが43歳の時、西ドイツ放送局のテレビドラマ企画として、『モモ』が生まれます。しかし、現実批判的だという理由で採用されませんでした。さらに、挿絵も希望した画家に描いてもらえず、なんと、自分で絵を描くことになるのです。それでも納得いくまで続けてチャンスを待ちます。50歳で脱稿した『はてしない物語』がようやく話題になり、ついに『モモ』がベストセラーになった時、エンデは51歳でした。

何事も続けることだけが大事なのではなく、どうしたら続けられるかという方法を考えることも大事なのです。

猫思考 Check Point
☐ 自分のペースで続けられる仕組みを考える。

Lie — 嘘

自分に、嘘をつかニャい。

ヨガの経典『ヨーガ・スートラ』の中には、「サティア」といって、自分にも他人にも嘘をつかないようにと戒める言葉があります。

他人に対してはもちろんのこと、自分らしくありたければ、自分の感情に嘘をつかないことが大切です。特に自分に対する嘘は、脳に負担をかけるのだそうです。ストレスを引き起こし、体に害を及ぼすこともあります。自分に嘘をつかない人ほど、最高の人生を送ることができます。

ひとつの嘘を本当らしくするためには、7つ嘘が必要だと言います。どんどん嘘が嘘を呼び、取り返しがつかなくなっていきます。

猫のように、嫌なものは嫌、無理なものは無理と自分で認め、きちんと他の人に示すことが大切なのです。

猫思考 Check Point
- 他人だけでなく、自分にも嘘をつかないこと。

Love ── 愛情
愛し愛されることを
ためらわニャい。

猫は、なぜこれほどまでに芸術家に愛されるのでしょうか。気まぐれだから？ 性格が不可解だから？ 時にツンデレで反抗的だから？

猫を溺愛した作家として有名なのは、ヘミングウェイ、マーク・トウェイン、三島由紀夫、谷崎潤一郎、内田百閒、村上春樹。画家では、ピカソ、ダリ、クレー、エドワード・ゴーリー、アンディ・ウォーホル、作曲家なら、ラヴェル、ストラヴィンスキーにジョン・レノン……。数多くの芸術家から愛され、インスピレーションを与え、癒し続けた猫たちがたくさんいます。

体をじわじわ近づけて、手や顔をペロペロ舐め、時には甘嚙みして、お腹を見せてくる。そして、ゆっくりとまばたきをして、モミモミマッサージ。
こうやって、猫は多くの芸術家の女神(ミューズ)として、愛を分け与えてきたのです。愛情は、もらうよりも、与える方が幸せ。こんな風に誰かにインスピレーションを与え、癒してあげられたら素敵なことです。

猫思考 Check Point
愛で、眠っていた才能を目覚めさせること。

愛情

猫力テスト #3

Q あなたがいま一番欲しいものは何ですか?

大事なことは自分が「欲しいもの」をはっきりさせること。欲しいものは「欲しい」と言わないと、いつまでたっても手に入りません。（複数回答可）

Q あなたは何をしている時が一番楽しいですか?

人生で一番大切なのは、楽しいと思うことをやり続けること。まずは、何が一番楽しいと思うか、はっきり認識することから始めましょう。(複数回答可)

Meet — 出会い
偶然の出会いを おろそかにしニャい。

出会いは、いつだって偶然ではなく必然。
誰でも必要な人とは、出会うべくして出会っているものです。

……とすると偶然とは、必然でしかないということになり、この世界のすべてが必然的に成り立っているといえます。偶然とは意識より先に起きている出来事のこと。この偶然にいち早く気づくことはとても重要です。

ヒントは必ず身近なヒト、コト、モノに隠されていて、それをしっかりつかめるかどうかが問題なのです。偶然の出会いをおろそかにしないように。いつだってチャンスは、何気ない顔をして意外なところからやってきます。そして偶然の出会いは、自分の「本当の人生」を始める大切な機会なのです。

猫思考 Check Point
☐ 偶然を、必然だと考えること。

Must ── ねばならない
「ねばならない」と思わニャい。

縄張りのパトロールに行こうと思っていても、眠かったり、おやつが目の前に出てきたり、遊びに夢中だったら猫はそっちを優先します。
猫界に「しなければいけない」ことなどないのです。

日頃から「いつも完璧にミスなくやらねば」、「ちゃんと考えねば」、「誰にでも礼儀正しくせねば」などと、自分で勝手につくったルールに縛られてはいないでしょうか。
猫のような行き当たりばったりの、肩の力を抜いた「適当さ」を身につけることも幸せの第一歩です。沖縄や鹿児島ではよく「てげてげ」（適当で）と言いますが、「猫思考」の神髄は、この「てげてげ思考」なのです。

猫思考 Check Point

「ねばねば思考」ではなく「てげてげ思考」を大切に。

M
——ねばならない

Name ── 名前
自分の名前にとらわれニャい。

野良猫の中には、ご飯をもらえる場所を何か所も知っていて、その場所ごとに違う名前で呼ばれている子もいます。野良猫のように「もうひとつの名前」を持ってみると、新しい発見があります。別の名前で別のキャラクターを設定してみると、人生が変わることも。

ブックカフェ「6次元」を始める前、台湾でたまたま出会った占い師さんに言われたことが現在、僕がこの本を書いていることにつながります。
「あなたは本名の中村邦夫ではなく、もうひとつの違う名前で活動しなさい」と言われたのです。そのことがなぜか頭から離れず日本へ帰ってから考えたのが、カタカナの「ナカムラクニオ」。すると驚いたことに、名前を変えたその日から仕事が増えはじめたのです。

人には、いろんな自分が自分の中に存在するし、いろんな可能性があります。でもそのほとんどは、自分自身も気づいていません。僕の場合は名前を変えたことがきっかけとなって、眠っていた可能性が開花したような気がするのです。

みなさんも、自分の名前をもうひとつ考えてみてはいかがでしょうか?

猫思考Check Point
☐ 新しい名前で、新しい自分をつくってみる。

名前

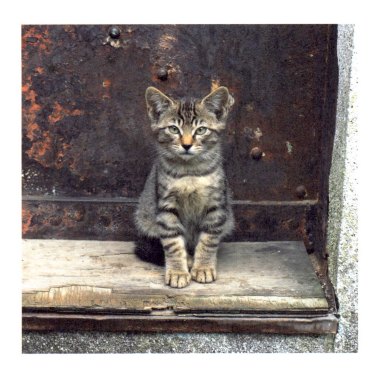

NEET — ニート
引きこもることを悪いと思わニャい。

猫はかつて木の洞などの狭いスペースを寝床にしていたので、ダンボールや洗濯籠などの自分の体がぴったりハマるくらいの箱状のものが好きです。でも時々、自分をおデブ猫とわかっていなかったり、子猫時代のままの体のサイズだと思い込んでいる猫が、箱が壊れたりつぶれているのに満足そうにそのまま入っている様子は、見ているこちらまで和みます。人間もたまには狭い場所に引きこもってみましょう。

「引きこもり」というとマイナスなイメージがありますが、引きこもることで才能を発揮する人もたくさんいます。

例えば、イギリスのオックスフォード大学教授で、数学者のアンドリュー・ワイルズは7年以上自宅の屋根裏部屋に閉じこもって、フェルマーの最終定理の証明を完成させました。

フランスの作家、マルセル・プルーストは30代から死の直前まで大作『失われた時を求めて』を書き続けました。その長さは3000ページ以上！ 執筆するために、知人との連絡を絶ち、防音効果のあるコルク張りの部屋にこもって書き続けたと言われています。

「充電のため」、「大事なことを成し遂げるため」、「自分への休息」と割り切って引きこもることも重要な選択です。

猫思考 Check Point
☐ 引きこもりは、人生に必要な「充電行為」です。

ニート

Ownership — 所有

所有しニャいし、所有されニャい。

「ちょっと抱っこさせてね」、猫を抱きあげてギュッとしたまま顔を近づける。人間にとっては至福のひと時ですが、猫はほんの数十秒すると「もういいでしょ」と言わんばかりに腕から脱出。飼い主は人間なのか猫なのか……。

大切なのは、家族、友達や恋人に執着しないこと。
人やモノを所有しようと思わないことです。
「所有しない」シンプルライフのための第一歩は、まずは自分にとって「いらないモノ」は買わないことです。捨てる、捨てないの前に「不要なモノを買わない」ことが大前提。モノを持ちすぎると、いつまでたっても欲望は止まらず、買えば買うほど心は満たされなくなっていく負のスパイラルが始まります。
そうならないために、買う前に本当に欲しいモノかをもう一度よく自分に確かめましょう。物質的なスペースは、心の余裕にもつながります。心の余裕ができれば、自分が本当に求めているものがはっきりスッキリと見えてきます。所有しない、されないことで、自分も他人も丁寧に扱うことができるのです。

猫思考 Check Point
所有しないことを、楽しむべし。

猫 カ テ ス ト #4

Q あなたは1日だけ猫になったら何をしますか？

お魚をくわえて町中を走ったり、公園の野良猫と集会してみたり、屋根の上でひなたぼっこしたり。「私」を解放してみましょう。（複数回答可）

Q あなたが破ってみたい「規則」は、何ですか？

「規則は破るためにある」とも言います。後悔のない人生のためには、猫のような柔軟性が大切。（複数回答可）

Play — 遊ぶ
遊びと学びを
おろそかにしニャい。

猫じゃらしでじゃれるのは、猫にとって実はトレーニング。遊びながら獲物を狩る練習をしているのです。目の感覚と体の動きがいざという時に連動できるように、子猫の時から母猫のしっぽで練習をする。野良猫にとっては、自分の食べ物を得るために欠かせない訓練です。

猫のように遊びながら学ぶと、すべてはうまくいきます。「遊び場」は「学び場」、「学び場」は「遊び場」でもあるのです。

京都のセレクト古書店「世界文庫」の古賀鈴鳴さんが主宰する「世界文庫アカデミー」という夢のような学校が始まりました。僕も講師として生徒と一緒に学校のコンセプトでもある「まなぶ・かんがえる・つくる」を勉強しています。教えられたことをただ学ぶのではなく、学校に通いながら、講師や同級生のアイデアを借りて自分の夢を実現させていくのです。すでにブックカフェ「6次元」でも生徒が企画したイベントを何度か開催しました。世の中には面白い人が星の数ほどいて、知りたい、学びたい、自分もやってみたいと思う人もたくさんいます。ノウハウを知っている人がお互いに助け合えたら、それはとても素敵なことです。

遊びながら学ぶ、学びながら遊ぶことは、いつもと違った発想やひらめきを自分に与えてくれるものなのです。

猫思考 Check Point
☐ 遊びは、学び。

Past — 過去
失われた時を求めニャい。

寝ること、遊ぶこと、食べること、毛づくろい。猫は目の前のことにいつだって真剣です。

猫にとっても人間にとっても人生は「いま」の連続でできているのです。過去なんて、もうすでに存在しないし、未来はまだやってきていない。

「魚の記憶は3秒」という説がありますが、3秒おきに記憶が更新されていくなら、それもまた幸せかもしれません。

とにかく人生を変えようと思ったら、まずは徹底的に「いま」だけを大事にしてみましょう。過去を悔んだり、未来を憂いたりせず、「いま」→「いま」→「いま」が連続する運動こそが未来なんだと考えるべし。

猫思考 Check Point
☐ いつかできることは、いまでもできる。

Quick —— すばやい

飛びかかるのも、逃げるのも躊躇しニャい。

息をひそめて、そーっと獲物に近づき、瞬時に判断、飛びかかり獲物を捉える能力は見事なもの。また、してはいけないところで爪とぎをして叱られる前にすばやく逃げるのもお手のものです。

速答（速く答える）するのではなく、即答（即、答える）することが大切。
猫のような瞬発力で、本質を読み解くトレーニングをしましょう。

僕は根っからの江戸っ子なので、基本的にせっかちです。メールの返信は3分以内。飲食店の注文は3秒以内と決めています。それに加えて飽きっぽい。でもそれを弱点とは思わずうまく使いこなせるように、目の前に来たことをなんでも即決しています。

猫思考 Check Point

「できること」は、いますぐやる。「いまできないこと」は、やらない。

Risk —— 危険
危険を察知することを
おこたらニャい。

阪神淡路大震災が起きる1か月前に、多くの犬や猫が道路を九州方面に向かって走っているのを目撃したという話があります。動物には危険を予知し、逃れる能力があるようです。
ビジネスでもスポーツでも、一流の人は直感力が優れていると言われます。さらに動物的「直感力」が鋭い人には、不思議な体験が多いそうです。

投資家ジョージ・ソロスは、ファンドを動かす時に身体に鋭い痛みを感じはじめたら、「危険を示すサインだ」と言っています。
「直感の精度は、経験の量に比例する」とも言いますが、実は、人間が「なんとなく」感じたことは、ほぼ当たるとも言われます。

僕も、バイクのエンジンがかかりにくい日は、「事故に遭うような予感」がして乗らないことに決めています。人間も猫のように、危険を事前に察知する「皮膚感覚」を大事にしましょう。

猫思考 Check Point
☐ 自分の直感を信じる勇気を持つべし。

Self-denial — 自己否定

叱られても
自分がダメダメだと
思わニャい。

あなたの欠点は何でしょうか？
優柔不断、せっかち、飽きっぽい……。いろいろあるはずです。
でも、人が誰かに惹かれるとき、一番よく見ているのは、実は相手の欠点です。猫がティッシュペーパーを出しまくると、困るけれど「かわいい奴め……」と思っていたりするでしょう。
フーテンの寅さんのように、ふらふらと旅をしたり、太宰治のように欠陥があるダメな人ほど、人の興味を惹きます。これは、なぜでしょうか？

いつでも自己を否定しないこと。実はここが大切。
自分に甘くてもいい。欠点を最大の武器にすればいいのです。

　　猫思考 Check Point
☐ 欠点は最大の武器と心得よ。

猫 カ テ ス ト #5

Q あなたに必要な「変化」って何ですか?

世の中の変化は、誰にもコントロールができないもの。 自分の方が変わり、世の中に適応して生き延びるしか方法はない。(複数回答可)

___

___

___

___

Q あなたの「10年後の未来」ってどんな感じ?

10年後の自分が手にしておきたいことを、真剣に考えることが大切。何かを成し遂げ、成功するには10年くらいはかかるものです。(複数回答可)

___

___

___

___

Throw away —— 捨てる
誰かがくれるおやつを遠慮しニャい。

遠慮という気持ちは、捨てるのがいい。
チャンスをものにするために、遠慮は禁物。
遠慮しないと、チャンスが増えることは間違いありません。

僕は「スキスキマーケティング」という裏ワザを大切にしています。
好きなことを遠慮なく「スキスキ」と言い続けて「趣味を仕事化する」という考え方です。
これまで、荻窪で「6次元」というブックカフェを運営しながら、フリーランスのディレクターとしてNHKワールドなどで国内外の旅番組を制作してきました。『Out & About』『Journeys in Japan』など、日本の文化を海外に伝える国際番組や、Eテレの『世界が読む村上春樹』も担当しました。そこでいつも使っていたワザが「スキスキマーケティング」です。
とにかく企画が通る前から、ずっと「沖縄沖縄」「村上春樹村上春樹」と何かにつけて言い続けるのです。すると、次第にみんなの「意識」が、目に見えない「組織」をつくっていくのです。そして、「そういえば……ナカムラくん、沖縄詳しいんだっけ？」「ナカムラくん、村上春樹詳しいんだっけ？」という話になり、好きな仕

事が舞い込んできます。
とにかく「遠慮せず発言すること」が成功のカギなのです。

自分から生まれるアイデアに遠慮しないこと。
自分の感性やひらめきに遠慮しないことが大切です。

猫思考 Check Point
☐ 自由でいたいなら「照れ」と「遠慮」を捨てるべし。

捨てる

Unenviable — うらやまない

野良猫は、家猫をうらやまニャい。

どんな環境に生まれるかなんて、猫も人間も選べません。でも、運命を受け入れ、最大限に自分の能力を発揮することはできます。大切なのは、どんなことも、運や人のせいにしないことです。僕の大好きな岡本太郎は、こんな言葉を残しています。

「現在にないものは永久にない、というのが私の哲学です。逆に言えば、将来あるものならば、かならず現在ある」

現時点での自分の置かれた環境を見直して、「ない」ものに目を向けるのではなく「ある」ものに注目して伸ばしていく。これは、そんなに難しいことではないはずです。そして将来の自分につながる自分に「いま」なりましょう。太郎は「なんでもいいから、まずやってみる。それだけなんだよ」とも言っています。

猫思考 Check Point
☐ いま「ある」ものに目を向けてみる。

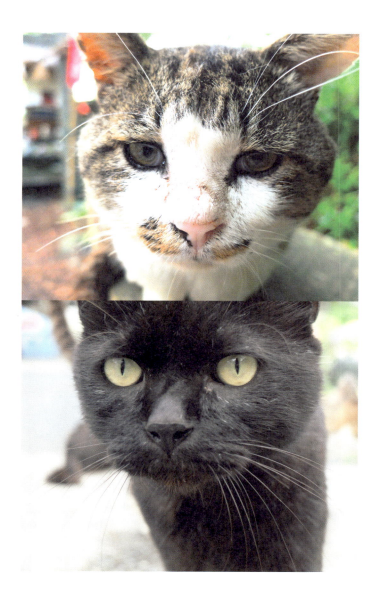

U
——うらやまない

Variation — 変化
変化することを他人のせいにしニャい。

猫は、時代によって、様々な愛され方をしてきました。
ある時代には、「猫又」「山猫」という化け猫として恐れられ、ある時代には、開運の神さま「招き猫」や浮世絵の猫ブームで愛されたり。

また近現代でも、エドガー・アラン・ポーの『黒猫』や夏目漱石の『吾輩は猫である』のような文学に登場してもてはやされたり、アニメ「フィリックス・ザ・キャット」や「トムとジェリー」で人気ものになったり、「となりのトトロ」の「ネコバス」、ネコ型ロボット「ドラえもん」、「ハローキティ」、「ジバニャン」などアニメやキャラクターなどにもなり変幻自在。いつの時代も、その立場は変化し続けています。

猫のように、時代によって状況がどんどん変わっていくことを人のせいにしないことが大切。「運が悪い」とも考えないことです。変化とは、世界がゆっくりと成長を続けている証。誰も、大きな変化を拒むことはできないのですから。

猫思考 Check Point
時代の変化を楽しむこと。

World —— 世界
世界を変えてやろうとしニャい。

野良猫も飼い猫も、自分のいる環境を変えてやろうとは思わない。猫は、いまある世界の中でいかに心地よく過ごせるか、工夫することの天才なのです。退屈ならゴミをおもちゃにし、ちらつく雪は狩りの練習にする。

まして人間の考えや世界を変えようなどとは、考えもしない。あるがままを受け入れる、悟りの境地を体現している生きものなのです。

つまり、自分の視点を変えるだけで、世界は変わる。
他人を変えるより、まずは自分を少しだけ変えればいいのです。

猫思考 Check Point
自分が変わるとき、世界も変わる。

X-road ── 交差点
行くべき道を迷わニャい。

猫は「成功者」というより、常に「挑戦者」であるのが魅力です。

街で偶然出会った猫の後ろをそっとついていってみると、目指す先が仲間の待つ場所なのか、飼われている家なのかわからないものの、迷わず確かな足どりで自分が行くべき方向へと歩いていきます。もちろん、後ろから人間がついてきているのも、ちゃんと知っている様子です。猫の「迷いのない生き様」に僕は惹かれます。

「世界ネコ歩き」で有名な写真家の岩合光昭さんが、内戦が終わって20年経つボスニアに行ったときに面白いことを言っていました。
「猫は、平和な場所に吹く風を感じ取る能力がある」
見かけなくなった猫の姿が、国が落ち着くにつれ、街に戻ってきて数も増えていくのだとか。
やはり猫は特別な能力を持っているのでしょう。人間も猫のように、分かれ道を迷いなく歩くことができたらどんなに素晴らしいことでしょう。

猫思考 Check Point
☐ 猫も（迷わず）歩けば幸せに当たる。

交差点

Yesterday ― 昨日
昨日のことも明日のことも執着しニャい。

「猫は3日で恩を忘れる」なんて言う人もいますが、それはそれで幸せかもしれません。もしあなたが、人生で起きたことをすべてはっきりと覚えているとしたら、ある意味で不幸です。記憶こそが、人を不幸にしている要素のひとつとも言えるからです。

数年前、パプアニューギニアにテレビの撮影で行った際、驚くべきことがありました。現地を案内してくれた地元のコーディネーターさんの記憶が「1日しかもたない」のです。どんなに詳しく打ち合わせても、翌日になると、前日の記憶も明日の予定もほとんど忘れてしまう。信じられないことですが、打ち合わせ中に家に帰ってしまったり、飛行機に乗ることすら忘れてしまったり。

僕は撮影中毎日、怒り続けてしまったのですが、最終日には何事もなかったように「ありがとうございました。それはそうと……、その腕時計をください」と言ってきたので、みんな笑ってしまいました。

それでもパプアニューギニアの人は、とても幸せに見えました。なんでも細かく記憶していることを良しとする発想こそ、貧しい

のかもしれません。

僕たちが不幸だと思うのは「不幸なことを思い出してしまうから」であり、不幸な記憶は、日々すべて新しい記憶に上書きしてしまえばいい。

「記憶力」より「忘れる力」を鍛えるほうが、幸せになれるのです。

　　猫思考 Check Point
☐ 「忘れる力」を鍛えて、不安や恐れを減らすべし。

昨日

Zero — ゼロ
「見えない」からって「ない」と決めつけニャい。

ふと猫を見ると、遠くの何もないところをじっと凝視しています。その先に視線を向けてみても、いつもみたいに虫がいたり何かが揺れていたりはしていない。人間には見えないけれど、猫だけが感じることができる何かを見ているのかもしれません。

僕の仕事は目には見えないことばかりです。イベントも小説のワークショップもパラレルキャリアの講演も金継ぎの仕事も、その時が来るまでは、何もないのです。
イベントは当日、企画者と参加者が揃わないと成立しないし、小説だってその日に思い浮かんだキーワードを手掛かりにその場で生み出されていく。講演も何を話すのかはその日の聞き手や場の雰囲気で変わるし、金継ぎは誰かの大切にしていたお皿がどこかで割れないと成り立ちません。

「見えない」ことは「何もない」ことではありません。「見えない」が「見える」を支えているということを、そろそろみんな気づきはじめたような気がします。「見えているもの」に込められた、「見えない気持ち」を感じ取ってみましょう。

猫思考 Check Point
- [ ] 見えないものを見つめてみること。

ネコメンタリー小説

ネコトピア
NECOTOPIA
猫楽園のつくりかた

プロローグ
PROLOGUE

人間は、夢を詰め込んだ言葉のプラネタリウムにすぎない。僕はそれを「ポエトリウム」と呼んでいる。その空間の中で、みんな夢を見ているにすぎないのだ。この物語は、夢のように感じるかもしれない。しかし、どこかで起きていた、あるいは、みんなにもこれから起きるかもしれない「未来の記録」なのだ。

僕は、人生に絶望していた。金はない。コネもない。働いていたテレビ番組の制作会社は、ブラック企業で倒産。もちろん、恋人も友だちもいない。絶体絶命のピンチだった……。
そんな時、出会ったのが猫仙人の「猫ジイ」。1000年以上も生きている灰色の老いた猫だ。彼は、幸せについてあらゆることを知っていた。
僕は、彼に弟子入りし、猫族に先祖代々伝わる「幸せの法則」について学んだ。この小説は、僕が自分なりの「ちいさな楽園」を手に入れるまでの世にも奇妙な物語。信じるかどうかは、あなた次第だけど。

ネコノミクス
NECONOMICS

猫型経済学、および猫社会の経済現象の法則を研究する学問のこと。猫は、貨幣を持たないが好きな時に好きなことを好きなだけできる自由を愛し、貴族的な経済観念を持つのが特徴。

僕が「猫ジイ」に初めて出会ったのは、世田谷の豪徳寺[ごうとくじ]に行った日のことだった。桜が舞う希望に満ちあふれた春だというのに、大学卒業後10年も勤めた会社が倒産、彼女にもフラれ、絶望して死のうと思っていたのだ。

　その猫は、『スターウォーズ』に出てくるチューバッカのような風貌をしていた。ベンチに座る僕を見つけると近づいてきて、話しかけてきた。
「何か悩みかい？」
「なんでわかる？」
「顔を見ればわかる。わしを見てため息ばかりついているじゃないか。君は、猫語がわかるんじゃな」
「わかるよ。僕の生まれた島で教わったんだ。猫語は、子どもの頃、おばあちゃんに教わったよ」
「そうか」
　その猫は、フサフサの毛をなびかせ僕の隣に座った。
「君は、黒猫にしてはずいぶん灰色がかっているね……」
「わしの父は、黒猫。母は、白いネズミの血が流れているんじゃ」
「ほんと？　そんなことってあるの？」
「光と闇が一体化したんじゃ。世界は、二元論で語れないこともある」

　猫ジイは、夢と現実の隙間に捨てられ、夜の闇を食べて

生きていた。1000年以上生きているため、人間以上の叡智を持っていたのだ。僕は、この「ひねくれた哲学者のような猫」がすぐ好きになった。それ以来、師匠として、いろいろなことを教えてもらうことになったのだ。

「君は猫と人間、どちらが本当に自由だと思う？」
　ある日、猫ジイは、僕に訊いてきた。
「猫ですかね」
「どちらが、毎日ゆっくりとした時間を過ごしていると思う？」
「猫ですね」
「では、どちらが平和に暮らしている？」
「猫です……」
「ところで、猫はお金を持っていないな？」
「そうですね……」
　確かに、猫はお金を持たない。しかし、お金をたくさん持っている人間よりのんびりと暮らし、幸せに見える。なぜだろう。

　宮城県の田代島（別名・猫島）で生まれた僕は、小さい頃に漁師の父が死んでから、ずっと貧乏だった。母親も、僕が高校生の時、東京に出稼ぎに行ったまま帰ってこなかった。それ以来、祖母にひっそりと育てられた僕は、いつの日かお金持ちになってやる、と思っていた。しかし、

そうはならなかった。

「君にとって、お金とはなんだ？」
「豊かになる道具ですかね。たくさんお金があれば、自由に、のんびりと平和に暮らせるような気がします」
「そんなこと、とっくに猫は実現しておる」
「そうですね……」
　猫ジイは、ゆっくり言葉を選びながら話した。
「豊かさ＝お金ではない。お金は、人間がつくった最も不正確な伝達記号じゃ。そんな記号に惑わされてはいけニャい」
「は、はい」
　猫ジイの言葉は、神のお告げのようだった。なぜかときめく。
「君は、お金を持たない猫が、なぜ幸せかわかるか？」
　猫ジイは、僕に訊いた。
「……わかりません」
「猫の経済的思想、ネコノミクスのおかげじゃ」
「ネコノミクス？」
「お金は記号じゃ。そこに縛られるのではなく、飼いならす必要がある。お金は結果であり、目的ではないということを忘れてはいけニャい」
「言っている意味が、よくわかりません」
「ネコノミクス、猫の幸せ経済学にとって大事なのは、3点しかニャい」

①**自分の好奇心に忠実に生きること。**
　　好きな時に、好きなことをできる環境をつくるべし。
　②**環境の変化に柔軟に対応すること。**
　　人間に依存し、飼われているふりをするべし。
　③**世界中の人々を幸せにすること。**
　　自分だけでなく、他人に幸せを与えるべし。

「これだけ守れば、大丈夫じゃ」
「え、たったこれだけ？」
「そうだ。ネコノミクスの基本はこれだけじゃ」
「お金は？」
「あとから勝手についてくる。しかし、ほとんどの人間がこれを知らない。知っていても実行できない。そこが猫と人間の違いじゃ。いいか。お金の種類なんて、3種類しかニャい」

　①**生きるためのお金（食費、家賃、光熱費など）**
　②**公的に必要なお金（税金、社会保険など）**
　③**楽しみのためのお金（本、映画、習い事、旅など）**

「君がやるべきなのは、自分だけでなく、他人を幸せにするお金を増やすことじゃ」
「他人を幸せにするお金って、例えばどういうこと……？」
「もし君が大金持ちになって、自分のためだけにお金を使っていたら、それ以上、何も生まニャい。それくらいはわかるじゃろ」
「はい」
「つまり、自分という財産の中から『世界を幸せにするお金＝資源』を発掘することが大切なんじゃ」
「はあ……」

　猫ジイの言っている意味が理解できなかった。自分が世界を幸せにできるなんて、これまで考えたこともない。

「君に、ひとつ面白い話を教えてあげよう。古くからインドに伝わる昔話じゃ」
「はい」
「むかしむかし、あるところに、ヘレーという陽気なおじいさんがいた。ある時、ヘレーじいさんは、農作業中に大きな木の根っこの下から、立派な『猫目石』を掘り出したんじゃ。まるで空から降ってきた大きな雨粒が地中で、長い年月をかけて結晶になったような色彩を放っていた」
「猫目石なら知ってるよ。見たことある」
「その青く光り輝く大きな猫目石を持って、村に戻ってき

たヘレーじいさん。村の人に声をかけられ、その猫目石を馬1頭と交換した。さらに、ヘレーじいさんは馬を牛に交換し、牛を羊に、さらに羊をニワトリへと交換していった」

猫目石 → 馬 → 牛 → 羊 → ニワトリ

「ん？　なんでだんだん小さくなっていくわけ？」
「最後まで聞け。ニワトリを抱えたおじいさんが歩いていると、遠くの方から美しい『歌声』が聞こえてきた。まるで美しいカナリアのような声じゃ。村の中央を流れる小川のようにみずみずしいメロディが、乾いた大地を潤した。聞いた人の心をオアシスへといざない、幸せな気持ちで満たしてくれたんじゃ。その歌声に惚れ惚れしたヘレーじいさんは、娘にこう言った。
『その歌をわしに教えてくれんか。このニワトリをやるから』
　娘は、もちろん交換してくれた。ニワトリと『歌』を交換してしまったヘレーじいさん、手元には何もなくなった。それでも、ヘレーじいさんは幸せだった。その歌を歌えば、村の人みんなが喜んでくれるのだから」

ニワトリ → 美しい歌声 → みんな幸せ

「なんだか、わらしべ長者の反対の物語みたいですね……」

「そう、この流れが一番大事なんじゃ」
　猫ジイは、話が終わると、プイッと後ろを向き、林の奥へと消えていってしまった。

　翌日、僕は再び、豪徳寺を訪ねた。しかし、猫ジイはいなかった。
　その代わりに不思議な石を拾った。大きな猫目石だ。まるで巨大なチェシャ猫の眼のような、不気味な笑い声が聞こえてきそうな石だ。
「そうか、これはテストなんだな。この大きな猫目石を、僕がどうやって他のものと交換し、どうやって人に幸せを分け与えることができるか試しているんだな。あの猫ジイが……」
　しかし……、いったいどうしたらいいんだろうか。
　僕は、誰かに何かを分け与えたような経験がまったくないのだ。
「うぉー！　わからん！」

　仕方なく、大きな猫目石をポケットに入れ、ギラギラとした欲望で囲まれている新宿の歌舞伎町に向かった。
　グルグルと野良猫のように路地をさまよい歩き、ついに勇気を振りしぼって、通りすがりのかわいい女の子に声をかけた。
　彼女の耳は、まるで猫みたいに尖っていた。

「あ、あの……、この石をあげたいんですけど……」
「え、なんで？　私に？」
「これは大事なテストなんだ。誰かに何かをあげて、幸せにするっていう」
「ふうん、わかった。じゃあ、代わりにコレあげる」
　猫耳の女の子は、カバンから１冊の本を取り出して、僕にくれた。
『本のなる木』というタイトルだ。
「これ、私が描いた絵本なの。読んでみて」
「あ、ありがとう……」
「じゃね」
　女の子は、新宿の光の中に吸い込まれて消えていった。
　まるで、夢のような一瞬の出来事だった。
　その絵本には、こんなことが書いてあった。

本のなる木

世界は１本の木から　生まれた
きれいな光の花が咲いて
大きな雲が　たくさん実った
そして　たくさん雨がふった
ある時　大きな海の花が咲いて

大きくて美しい星が実った
それから少したって 時間の花が 咲いた
そして 人間がたわわに実った

ある日 金の葉っぱが生えてきて
大きなダイヤモンドがたくさん実った
そして 人間たちの戦争がはじまった
みんな金やダイヤモンドを奪いあった
取るものがなくなると 木も伐ってしまった
人間は とても悲しんだ
涙は大きな川になって大地をうるおした

しかし 春になると 新しい芽が出てきた
あっという間に 大きな木になった
今度は 言葉の葉っぱが たくさん生えてきて
秋になると たくさんの本が たわわに実った
本にはこれまで起こったことすべてが書かれていた
もう金の葉っぱは 生えてこなかった
ダイヤモンドも 実ることはなかった
それでも 人間は幸せだった

おわり

絵も文章もうまいわけではないけれど、僕は感動した。
　表紙には、名前すら書いていない。でも誰が書いたかはどうでも良かった。本当にいいものは、名前なんて必要がないのだ。僕にとって、これがいまの自分に「必要な物語」であることは間違いなかったし、誰かにこの本を読んであげたいと思った。そうすれば誰かを幸せにできるかもしれない。
　心の中で、ちょっとだけ何かが変わりはじめていた。

ネコメンタリー
NECOMENTARY

実際にあった猫の事件や出来事などの記録を中心として、虚構を加えずに構成された映画、番組、文学作品などのこと。

次の日、春の生暖かい風に吹かれ、再び豪徳寺を訪ねた。
　猫ジイは、福を呼び込むシーサーのように壮厳な佇(たたず)まいで参道に座っていた。

「いいか。君は、猫史を学ばなければならニャい」
「なんですか。猫史って」
「猫の実話、つまりネコメンタリーじゃ。人間に『歴史』があるように、猫にだって『猫史』というものがある」
　彼は、誇らしげに、長い毛をふさふさ揺らしながら言った。
「われわれ猫族が、日本に住みはじめたのは、いまから1400年ほど前。シルクロードを通じてアジア全域に広がった猫族の先祖たちは、中国の唐から、仏教の経典とともに連れられて来たんじゃ」
「え、日本にいたんじゃないの？」
「渡来したんじゃ。でも、実はその頃まで猫は、文字やお金を使っていたんじゃ」
「え、そんな話、聞いたことがないよ」
「文字やお金を使うと、人間に敵だと思われて迫害される可能性がある。そこで、われわれ猫族の祖先は、イワシの背中に文字を書きつけて、お金とともに焼いて食べてしまったんじゃ」
「文字をイワシの背中に書いて食べた？」
「そう。それ以来、猫文字は猫族の心の中にしまわれて、使われなくなったんじゃ」

「ほんとに？　そんな話、聞いたことないけどな……」
「それはそうじゃ。猫は、秘密の固まりなんじゃ。まずは、猫族について話をしよう。全世界で飼育されている猫の仲間は、約6億匹と言われておる。犬よりも多いんじゃ」
「へえ」
「中世のヨーロッパでは、猫は魔女の使いだと考えられたこともある。猫の瞳は、光の量によって形が変わるから、月の満ち欠けに見立て、死を司る生き物だと信じられたんじゃ」
「へえ、知らなかった」
「ベルギーのフランドル地方にある町では、いまでも3年に一度、大きな猫祭りが開かれている。この地方は、12世紀以降、毛織物で発展を遂げた。そして、倉庫の毛織物をネズミから守るために多くの猫が飼われた歴史があるからじゃ」
「文化猫類学って感じですね」

「日本猫史の中で、忘れてはいけニャいのが、猫信仰のことじゃ」
「猫って、そんなに信仰されているんですか？」
「知らんのか？　日本中に猫神社や猫寺があるじゃろ。江戸時代には、養蚕の神さまとしての猫信仰が生まれ、各地で『猫神さま』が祀られるようになるんじゃ。養蚕の大敵はネズミ。マユや蚕を食い荒らし、農家に大損害をもたら

したからじゃ」

「猫神……」

「しかし、猫は、たやすく手に入らなかったり、猫が肝心の蚕にちょっかいを出したりすることもある。代わりに生まれたのが、掛け軸のような鼠除けの絵、つまり『猫絵』なのじゃ」

「なるほど」

「そして、現代の猫神さまは、ドラえもん。22世紀の猫型ロボットじゃ。それに、『となりのトトロ』のネコバス。『魔女の宅急便』の黒猫ジジ。人気の絵本と言えば『ノンタン』シリーズや『100万回生きたねこ』。小説なら『吾輩は猫である』や『三毛猫ホームズ』シリーズ。社会現象になった『なめ猫』も『ホワッツ マイケル？』も『きょうの猫村さん』も『妖怪ウォッチ』も、みんな猫ではニャいか」

「確かに、そうですね」

「世界で人気のキティちゃんも猫じゃ」

「並べてみると、ますます猫のすごさがわかります……」

「つまり、猫はニャンで愛されるのか？　日本人の中に脈々と続く、猫神信仰がＤＮＡの中に組み込まれているからじゃ。ドラえもんやキティちゃんは、その生まれ変わり、猫神さまそのものなのじゃ」

「そうか……、そうだったのか……。僕たちは、知らない

うちに猫と共存し、信仰し、精神的に支えられていたのか。
何も知らなかったよ、猫ジイ！」

ネコミュニ
ケーション
NECOMMUNICATION

猫的伝達手段。猫が、互いに意思・感情・思考を伝達し合うこと。また鳴き声、身振りや表情などで視覚、聴覚に訴え、人間に意思を伝達する「猫的ふれあい術」のこと。

晴れて、絶好の猫日和。あらゆる木々が新芽を芽吹かせ、境内を鮮やかな緑色に染めていた。猫ジイは、三重塔の屋根の上から招き猫のように僕を見おろしていた。

「君がまず身につけるべき技術は、ネコミュニケーションじゃ」
「気まぐれな猫の気持ちを理解する裏ワザみたいなこと？」
「ネコミュニケーションとは『猫のコミュニケーション能力』のこと。ゴロゴロ、スリスリ、モミモミという必殺技を使いこなすのじゃ」
「何それ？」
「猫は、飼い主にはキバやツメを隠し、甘えてかわいくふるまう。でも自分の縄張りに来た猫には力を誇示し、ネズミや鳥を捕獲する能力がある」
「確かに……」
「われわれ猫はゴロゴロとよく寝ている。しかし、それは狩りに備えて体力を温存するため、1日の3分の2以上を充電についやしているんじゃ。ただゴロゴロしているわけじゃニャい」
「え、そうだったの？」
「君もゴロゴロ、スリスリ、モミモミを基本とする猫力（ねこりょく）を身につけるんじゃ」
「猫力って何？」
「簡単に言えば、猫の愛され力じゃ。猫は、人間に愛され

る力を持っているから、都合がいい時だけ、エサをもううことができる。あくせく働かなくてもいい。猫は、なでられ、愛玩されるのが重要な仕事なんじゃ。実は、猫はかわいいから人間に飼われているわけじゃニャい」
「どういう意味？」
「猫は数千年という時間をかけて、人間がかわいいと感じるように進化した究極の生き物。愛されるのが、仕事なんじゃ」
「そうか……。そう考えると猫って、すごいな……」
「まずは、猫力を身につける訓練をしよう」
「はい。ありがとうございます！」
「では、いまから100円玉を100枚捨ててきなさい」
　猫ジイは、確かにそう言った。
「え？　お金を捨てるって？」
「うむ。捨てるのじゃ。しかし、ゴミ箱に捨てろという意味ではない。捨て方を工夫するのじゃ」
「そんなこと、できるかな……？」
「これは大事なテストじゃ。1日かけていい。100枚の100円玉を捨ててきなさい。」
「いまからですか？　いや、まだちょっと……」
「何を言っておる。すぐにやるんじゃ。そして、その100通りのお金の捨て方を、報告するんじゃ」
「わかりました！」

どうしよう。まずは銀行で両替だな。しかし、お金を拾ったことはあるけど、捨てたことなんて一度もないなあ……。
　まずは、自動販売機のおつりの受け取り口にいれるか。
　チャリン。よしできた。うわー、もったいない。
　これであと、99枚か。次は……、本の間に挟むとかどうだろう。コンビニに行って、こっそり雑誌の間に挟んで、そっと出てきた。うーん。これももったいない。
　次は……、人気のない裏道にこっそりと置いてきた。
「この400円でカップラーメンが3つも買えたのになぁ……」
　そうやって、次々と100円玉を捨てた。
　すべてを細かく書いていると時間がかかるので省略するけど、それぞれ工夫して、捨ててきた。というか置いてきた。捨てはじめてから6時間で、100枚の100円玉をすべて捨て、なんだか、すっきりした。最後の方は、楽しくさえなってきた。

　夕方、お寺に戻り、猫ジイに報告した。
「捨ててきましたよ！　スッキリしました」
「よくやった」
「本の間、洋服のポケット、ソファーの隙間……。誰もが簡単に拾えて、喜ぶような捨て方をしてきました」
「きっと、いまごろ100人がささやかな喜びを感じているじゃろう。そこが一番、大切なんじゃ。君はお金を『捨て

た』わけではなく、『散歩させた』んじゃ。キラキラ光る毛皮を着てゴロゴロ、スリスリ、モミモミしている美しい仔猫みたいに」
「なるほど」
「そして、人々は喜んだ。つまり、これがネコミュニケーションじゃ」
「そうなのか……？」

「よし。次は、自分自身にたくさん質問をするんじゃ」
「……というと？」
「猫のような遊び心をもって、自分にインタビューするんじゃ」
「え？　自分で自分に聞くの？」
「質問には、いつだって答えが待っている。質問しなければ答えはやってこニャい。そういうことじゃ」
「なんだか禅問答みたいになってきたぞ……。難しいですね」
「簡単にわかることに、真実はニャい。これに書き込みをしときなさい」

　猫ジイは、不思議な質問が書かれた古びた巻物を僕に渡すと、再び林へ消えていった。
　そこには奇妙な質問がずらりと並んでいた。

一　貴方が年齢に関係なく挑戦したいことは何か。
二　貴方の「秘密基地」は何処か。
三　貴方の中の「未知なる能力」は何か。
四　貴方が「捨てたいこと」は、何か。
五　貴方がいま一番欲しいものは何か。
六　貴方は何をしている時が一番楽しいか。
七　貴方は一日だけ猫になったら何をするか。
八　貴方が破ってみたい「規則」は何か。
九　貴方に必要な「変化」とは何か。
十　貴方の「十年後の未来」や如何に。

一　貴方が年齢に関係なく挑戦してみたいことは何か。

独立して、お店をひらくことかな（小さくてもいい）。

二　貴方の「秘密基地」は何処か。

カフェとか、古本屋さん（住みたい）。

三　貴方の中の「未知なる能力」は何か。

人の心が読める（ような気がする）。

四　貴方が「捨てたいこと」は、何か。

変なプライド（大したことないのに勘違いしてる）。

五　貴方がいま一番欲しいものは何か。

ささやかな勇気。

六　貴方は何をしている時が一番楽しいか。

本を読んでいる時。猫と遊んでる時。

七　貴方は一日だけ猫になったら何をするか。

路地裏を探検する。

八　貴方が破ってみたい「規則」は何か。

東京の空を自由に飛ぶ。

九　貴方に必要な「変化」とは何か。

自分だけでなくみんなを幸せにする意識を持ちたい。

十　貴方の「十年後の未来」や如何に。

うーん、ちいさなお店をつくって、猫を飼って、古本とか販売していたいです。

　答えていくうちに少しわかってきた気がする。ネコミュニケーションの秘密が。

「そういえば、自分が何を欲しいか知ること。それが大事。と誰かが言っていたな……」

　自分の質問に答えることで、少しは自分が理解できた。
「質問しなければ答えはやってこないって、こういうことか……」

ネコシエーション
NECOTIATION

猫の交渉術。猫と人間との協定、取引などの話し合いのこと。合意や調整を目的とした議論を成功させるための猫的手法。

ぽかぽかと暖かい午後。春の柔らかな光が、すべてを包みこんでいた。
　猫ジイと出会って数日。僕は、心の中で何かが少しずつ変化しつつあることを実感していた。
　しかし、仕事をしていない僕は、もうお金が無い。助けてくれる人もいない。そろそろ何かを始めないと、家賃も払えなくなってしまう。けれど先立つものはないし……八方塞がりだ。野良猫のような気分で、お寺を訪ねた。

「あのさ、猫ジイ。僕は、いったいどうしたらいいと思う？」
「愚問じゃな。どうもこうもニャい。自由に生きればよかろう」
「僕は束縛された中でしか生きてこなかったから、自由の意味がわからないんだよ」
「人間はすぐものごとを難しく考えるな。簡単じゃ。自由には、２種類ある。ひとつは、積極的自由。もうひとつは、消極的自由じゃ。何かをする自由。何かをしない自由。君はどちらが欲しい？　よく考えてみるんじゃ」
「言っている意味がよくわかりません」
「そういう時こそ歴史に学ぶべし。いいか？　われわれ猫族は度重なる猫的交渉、つまり『ネコシエーション』によって、人間と話し合いを重ねてきた。そして、猫は自由な暮らしを手に入れたんじゃ」
「つまり？」

「猫の祖先は、約13万年前に中東の砂漠に生息していたリビアヤマネコ。体長は、約60センチもあるイエネコの野生種なんじゃ」

「猫って砂漠の生き物だったんですか？　だから砂が好きなのか……」

「リビアヤマネコが、いまから1万年前のどこかの段階で、人間と接点を持つようになった。ここが重要じゃ」

「はあ……」

「キプロス島で、人間と共に埋葬されたネコの骨が発見されたのを知っとるか？」

「キプロスって、地中海ですよね」

「そこで発見されたネコ科動物の骨が、イエネコのものだったとすると、猫は1万年前から人間と生活を共にしていたことになる。ざっくり言うとこんな感じじゃ」

∵∵∵∵∵∵∵∵∵∵∵∵∵∵∵∵∵∵∵∵∵∵∵∵∵∵∵∵

猫と人間の交流史

約1万年前 ……… リビアヤマネコが家畜となる。
約5000年前……… 猫がエジプト文化で神格化。
約3000年前……… シルクロードを経由し中国へ。
約1400年前……… 仏教とともに日本へ伝来。
約1000年前……… 平安貴族に愛され猫は人気者に。
約300年前 ……… 江戸時代には開運のシンボルに。

約100年前 ……… 明治時代以降は文学者にも愛される。
近代〜現代 ……… アニメやマンガなどに猫キャラ登場。

:::

「そもそも、なぜ一緒にいたのが、人間だったのか？　わかりやすく言えば、共生じゃ。猫は、もともと『穀物倉庫の番人』。だから中世ヨーロッパで、猫は『麦穂の精霊』とされていたわけじゃ」
「麦？」
「猫は、漢字でも獣偏に『苗』と書くだろう。猫は、中国でも稲穂の精霊とされていたんじゃ」
「そうか……。つまり、猫は、人間の食料を守り、逆に人間から食料をもらってきた……、というわけですね」
「そうだ。何てことはない、猫と人間の関係とは、突きつめればモノとサービスの交換を軸とする共生なんじゃ。そして、この共生こそが、世界のすべてをつくりあげている。猫は人間の住んでいる場所に、寄り添うように生きていくことが得意な動物であり、寄り添うことで、独自の進化を遂げた生き物なのじゃ」
「進化……」
「環境の変化に柔軟に対応できる生き物こそ、真に最強なんじゃ。ネコ科でもライオン、ヒョウ、チーターなど強すぎる生物は、みな絶滅に向かって数を減らしている。恐竜

も強いように見えるが、絶滅してしまったじゃろ」
「そうですね……」
「しかし、猫は、数が増え続けている。つまり、これはどういうことを意味するのか。こたつがあるから、みかんがうれしい。みかんがあるから、こたつがうれしい。簡単に言うと、そういうことじゃ」
「相乗効果ということですか？」
「君もわかってきたか。猫と人間の共生関係は、猫が自らの意思で、築き上げた。人間が強引に猫を飼いならした、というわけではニャい。クマノミとイソギンチャクだって、クジラとコバンザメだってそう。ミツバチと花の関係だって、実はすべてこの共生関係で成り立っているんじゃ。そして、ある日、イエネコが生まれた。猫が、猫の意思で、イエネコになったんじゃ」
「なんとなく、わかってきたぞ……」
　もう一度言うが、自由には、２種類ある。積極的自由と、消極的自由。何かをする自由。何かをしない自由。君もどちらを選ぶべきか、よく考えてみるといい」

　わかったようなわからないような話だ。でも、すべての生き物は、共生関係にある。それだけは、わかった。
　僕は、これまで会社に依存し、時間と労働力を切り売りして生きてきた。でも、もっと自分を必要としてくれる、共生できる場所と空間を見つけるべきなのかもしれない。

「競争ではなく、共生。搾取ではなく、助け合い。それが望ましい形なのじゃ。しかし、自然と人間の間には、完全なる共生は存在しニャい。そこが難しいところなんじゃ」
「そうですね」
「搾取したり、寄生したりすることが多いのが、人間の愚かなところじゃ。様々な価値観を共存させること。そして、強さと弱さを共存させる。そこが重要なんじゃ」

　自由、共生と言うのは簡単だけど、いち個人には難しい課題だ。
　目下のところ、僕は、これからどうしたらいいんだろう。会社は倒産してしまったし、他の業界の仕事もしたことがない。いまから新しいビジネスを始めても勝てる気がしない。人付き合いも苦手だ。
　僕の心を読んだかのように、猫ジイは言った。
「君は、戦わずして勝つ方法を考えるといい」
「というと？」
「中国の孫子を知ってるか。こんな名言がある」

百戦百勝は善の善なる者に非ざるなり。
戦わずして人の兵を屈するは善の善なる者なり。

「つまり、戦わずして勝つということの大切さを言っておるのじゃ」

「戦わないのに、どうやって勝つことができるの？」
「まず、① 誰もいないところを攻める。誰もいないところなら、苦労しなくても領土を取ることができる。そして、② いざとなったら逃げる。基本的に争いを回避する。自分よりも強い相手とは戦わない。無駄な争いはしないこと。これこそが猫の交渉術、ネコシエーションの神髄じゃ」
「なるほど……」
「けんかは、勝っても負けても怪我をするものじゃ」

　これまでは、逃げてはいけないとばかり思っていた。
　しかし、逃げた者は、何度でも何度でも戦える。どこまでも逃げてみればいいのかもしれない。人間たちも猫の身のこなし方を見習って、戦わずして勝つ方法を身につけるべきなのだ。

「君は、絶対に失敗しないとしたら何がしたい？」
「え、ブックカフェをやってみたいけど……」
「では、それをやってみたらどうじゃ」
「ええぇ……、未経験だし。無理でしょ」
「なぜできないと決めつけるのじゃ。やってもいないのに」

　そういえば僕には、死ぬまでにやってみたいことがあった。
「猫のいるブックカフェ」だ。名前は「ネコトピア」と決

めていた。猫のいるユートピア、つまり、猫の理想郷という意味だ。

　子どもの頃からの夢で、猫が大好きだった母親にも「いつか必ずつくってみせる」と話したことがあったのを思い出した。もし僕の母親が、お店に来てくれることがあれば、きっと喜んでくれるだろう。まあ、もう15年以上、会っていないから期待もしていないけど。
「まぁ、やってみてから考えてもいいか」
　どっちにしても僕の人生、もう失うものもたいしてないのだから。

ネコミュニティ
NECOMMUNITY

猫が居住地域を同じくし、利害を共にする共同社会。町村、都市、地方、生産、自治、風俗、習慣などで深い結びつきを持つ猫の共同体。猫的地域社会のこと。

成功は、いつだって悲劇が連れてくる。誰かがそんなことを言っていた。もちろん成功する保証など、まったくない。でも、だから何だっていうのだ。僕は、夢のブックカフェ「ネコトピア」を始めることを決心した。
　まずは、物件探しからだ。

　新宿は、装飾的な町だ。色とりどりのネオンがまたたき、欲望がシャンデリアのようにぶら下がっている。甲州街道沿いの宿場町として江戸時代から繁栄した新宿。商業地、住宅地、再開発地域、多国籍という大都市の縮図だ。人口34万強、猫は3万匹以上暮らしていると言われている。
　僕は、古い物件を探した。資金の事情もあるが、町の記憶を再生しながら、お店を開きたかったからだ。
　そして、歌舞伎町にあるちいさなジャズバーの居抜き物件が見つかった。家賃は15万円。敷金と礼金を10ヶ月分払わなければいけないが、思ったより安く借りることができた。大家さんが大の猫好きだったこと、クラウドファンディングで資金を集めたことで、なんとかまかなうことができた。
　雑居ビルの2階。周りは飲食店ばかりだ。最近では、外国人観光客が毎日何千人も押し寄せているし、誰もが知っている有名なディスカウントショップがすぐ並びにある。きっとこれならば、多くの人が迷うことなく足を運べるだろう。そんな、日本最大の猫町、新宿でスタッフとなる猫

探しを始めた。
　まずは、新宿の裏道を隅々まで歩いて、野良猫に声をかけてみた。特に、歌舞伎町の裏道を探す。

「働いてみないか？　食べ物と部屋はある」
「ふうん、いやだね。なにかメリットあるわけ？」
　これがなかなか、難しい。繁華街には猫がたくさんいる。
　飲食街のため、食べ物には不自由しない。新宿は、日本有数の野良猫多発地帯となっていた。
　そういえば猫ジイが、こんなことを言っていた。
「猫の地域社会は、ネコミュニティと呼ばれている。居住地域が同じ猫と利害を共にする共同社会のことだ。地域ごとに独自の習慣などを持ち、深い結びつきを持っているから注意しなくてはいけない……」
　確かに、僕は、ほとんどの猫に警戒された。それぞれすでに食べ物をもらう場所を確保していたからだ。
　歌舞伎町生まれの白猫、ミルクに聞いてみると、西新宿の野良猫のコロニーが最大勢力だと言う。高層ビル街やタワーマンション、それと西口駅前の繁華街が彼らの縄張りだ。特に、新宿中央公園は、ホームレスが食べ物を与えている野良猫が多く、独自の生態系をつくりだしていた。

　中華料理屋の裏に住み着いている片目のジャックは、こんなことを言った。

「気まぐれさこそが、猫における最高の美徳なんだ。オレは人間に雇われないことで、美意識を保っているんだ」

中央公園に住む、サビ猫のマロンいわく、
「ほんとうに大切な自由は、けっきょく経済的な自由よ」

古い喫茶店の看板猫、カフェオレは、こう言った。
「自由だけでは、飢えた猫を満足させられないわよ」

新宿の猫たちは不思議なくらい上手に、人間と共存共栄していた。ホステスなどが捨てた猫も多かったし、やたらとインテリな猫も多かったが、みんなたくましく生きていた。そして、彼らは独自の哲学を持っていた。

図書館に住むフサフサした茶色い毛の、たわしが言った。
「猫ってのは、孤独に耐えられる。だが、人間にはそれができない。だから人間は、猫に依存するのさ」

猫を人間が雇うのは、なかなか難しい。猫の辞書には、人間が、猫に属していると書いてあるのだ。すべての猫の飼い主が知っているように、誰も猫を所有してはいないのだ。

僕は、台湾に猫100匹ほどが暮らす「猫村」を訪ねたこ

とがある。台北から電車で1時間ほどの位置にある炭鉱の町、ホウトン。1990年に鉱山が閉山し、6000人以上いた人口は数百人ほどに減ってしまった。

　その一方で猫の数はどんどん増えていった。しかし、ある時「猫がいる村」としてネットで話題になり観光地になった。

　いまでは、猫好き有志の活動により「ホウトン＝猫村」のイメージが定着。地元観光局のパンフレットにも載るほどになり、炭鉱の歴史に触れられるスポットであると同時に猫の楽園として人気を集めているのだ。僕は、この台湾の猫村のアイデアを、新宿の町に取り入れられないかと考えた。新宿そのものを猫町にして、歩けるような仕組みをつくる。猫が働いていない時も、マップを見ればそこで出会える。そんなシステムができないだろうか……。
「ネコミュニティ」による地域の再生プランだ。

　僕は久しぶりに、猫ジイに相談しに行った。
「ん？　良い知らせか？」
「決まったよ、猫ジイ。これは、猫と人間による都市の再生計画なんだ。その拠点としての猫のいるブックカフェをつくりたいんだ。でも、まだ成功する見通しが立ってない」
「ふむ。君は、知っとるか？　コカ・コーラは、最初、頭痛薬として開発されたが、失敗したんじゃ。リーバイスは、売れ残りのテントの生地を再利用してできた偶然の産物。

ポスト・イットは、新しい接着剤の開発に失敗して生まれた製品。つまり、すべて最初は失敗から生まれたものなんじゃ」
「え、そうなんですか。知らなかった」
「世の中、すべてがそんなにうまくいくものではない。失敗がいつの間にか成功に近づくということの方が多いんじゃ」

　それもそうだ……。お店だって、スタッフ集めだってそんな簡単にはうまくいかないことくらい、わかっていたじゃないか。
「ひとつだけ言っておこう。お金というものは払うより、もらうほうが、グッと仕事のスキルが上がるものじゃ。少しでもいい、お金をもらう技術を身につければいいのじゃ。あとは、お金をもらいながら微調整していけばいい。もうひとつ。やりたいことをやるのではない。君がやるべきことを、好きになることじゃ」
「なるほど……。それと、問題がひとつありまして。どうもうまく新宿の野良猫たちと交渉ができないんです。何か猫とうまく話せる方法ありますか？」
「もっと、猫目線で考えるんじゃ。猫になったつもりで。話を聞いてほしいと思ったら、相手の関心を惹くのではなく、まずは相手に関心を寄せることが大切じゃ」
「確かにそうですね……」

最高の場所に行きたければ、最低の場所からスタートすべきだ。いつだったか、猫ジイがそう言っていた。そういう意味で僕は、いま絶好のスタート地点に立っている。

　次の日、再びスカウトのため、町へ出た。
　そして、黒猫のゴジラをスカウトした。彼は、ホストクラブの裏の路地で生活をしていた。漆黒の全身に曲がったしっぽを持つ、キズだらけの大きなボス猫だ。昔から「新宿三丁目のゴジラ」と呼ばれているらしい。しかし、縁起のよい福猫として誰もが写真を撮っていく。
「なあ、知ってるか。江戸時代には、左向きに曲がったしっぽの黒猫が、お金をかき集めてくれる、と言われて人気あったんだぜ。高い金を出してまで、探す奴もいたらしい」
「へえ、すごいね。まさに君は、新宿の招き猫なんだ」
「恋煩いに効果があるとも言われているんだ」
「僕がつくる猫のブックカフェで働いてみないか？」
「何のために？」
「君の猫人生のためになると思うけど……」
「何か得することがあるか。別に金が欲しいわけでもない」
「確かにそうだな……」
「猫は、自分が好きなことしかしない生き物だ。どうだろう。条件がある。この地域の野良猫が、保健所の奴らに連れて行かれそうになったら助けてくれないか」
「保健所？」

「野良猫は、全国で年間5万頭近くが殺処分となっているのを知ってるか?」
「そんなに多いの?」
「そうだ。毎日、たくさんの猫が殺されている。そこでお願いなんだが……。猫の殺処分を減らすための新しいシステムをつくってくれないか? 猫のいる本屋で雇い、貰い手を見つける。そういう場所をつくるのは、どうだろう?」
「それはいいね。わかった」
「よし。それならばみんな協力するぜ」
「新宿キャットシェルタープロジェクトだ」
「もう1つ。オレたちは好きな時に、好きなだけ働く。それでいいな」
「わかった!」
「でも、この町の猫は、みんな何か問題を抱えているんだ。それをすべて受け入れるのは、大変なことだぜ」
「できるだけのことはするよ」

　一気にスタッフの確保ができた。新宿の町で生まれ、新宿の町で鍛えられた猫軍団が働く猫本屋なんて素敵じゃないか。ようやくゴールが見えてきた。「ネコミュニティ」とは、「孤独と孤独が出会うささやかなコミュニティ」のことなんだ、きっと。

ネコロジー
NECOLOGY

猫と人間をとりまく環境の相互関係を研究し、そのシステムを明らかにする学問。猫の生態系を中心に、他の生物や自然環境、物質循環、社会状況などを考える猫的環境学のこと。

猫は成功者というより挑戦者であるところが素晴らしい。
　落ち込んでいた僕も、猫的思考を身につけ、すっかり元気になってきた。そして、僕は、猫ジイに大事な相談をした。

「猫のいるブックカフェは、どういう空間がいいでしょうか？」
「猫も人も、居心地のいい場所が好きに決まっておる。具体的に言うと……

・・・

　1　食べ物が豊富で、たまにご褒美をもらえる場所。
　2　暖かく、心地よい場所。
　3　天敵がいない、平和な場所。
　4　広すぎない場所。

・・・

　こういう場所をつくればいいんじゃ」
「1〜3はわかるけど、4はどうして？　広い方がよくないですか？」
「大きな空間にいると、人間だって不安を感じる。小さな空間を持つことの方が、ずっと大切なんじゃ」
「そうか、だから猫は小さい箱に入りたがるのか……」

「ちいさな箱に入ると、とにかく安心する。体の周りをピッタリと囲まれることに、安心感を覚えるんじゃ。隠れるという行動は、あらゆる猫にとって環境変化とストレス要因に対処するための行動なんじゃ。しかも、ちいさなハコは暖かい。ストレスも解消してくれる。群れをつくる習性を持つ生き物とちがい、猫は戦うことを望まない。できるだけ敵や他者を避け、活動を抑えることで、相手との接触を回避しようとする。もし、獲物や敵が現れた時にもすぐに対処できる」
「そういうことか……」
「昔から、猫や人が集まる場所ってのは、決まっているんじゃ。縄文時代の遺跡だって、必ず居心地が良い場所にある。そういうもんじゃ」
「そうか……」
「猫と人間をとりまく環境の相互関係を研究し、生態系の構造と機能を明らかにする学問。それが猫生態学、ネコロジーじゃ。とりあえず、君は最小限のものから始めればいい。何もないという余白に人は興味を示すものじゃ」
「わかりました」

　猫ジイの話を聞いて、僕は自分が借りた、新宿歌舞伎町の古い雑居ビルが好きになった。心地いい雑音と光に溢れている。人が1年中、波のように押しかけ、去っていくのだ。様々な雑音は、ノイズとなって自分の存在も打ち消し

てくれる自己消滅装置のようだ。そういう意味では、雑音もひとつの癒し要素なのかもしれない。

　いよいよ「ネコトピア」の内装工事が始まった。コンセプトは「猫的装飾＝ネコレーション」だ。猫ジイと話したことがヒントになった。

「居心地がいい空間をどうつくるべきでしょうか」
「ミニマリズムじゃ。最小限のモノだけあればいい。高価な絨毯もいらない。重厚な机もいらニャい。自由に爪をといだり、遊んだりできる家具だけでいい」
「猫って、物欲がないんですね」
「猫は、いつか使うかもしれないとか、愛着があるから捨てきれないといったことも考えニャい。生活をシンプルにすることで、豊かさを得たのじゃ。猫は習性として、もっと遠くに行きたいという欲求を持っていニャい。生まれながらのミニマリストじゃ。身の回りのモノを限りなく減らし、最小限のモノだけで暮らす。これぞ猫的シンプルライフ」
「じゃあ、猫にとってはどういう店が理想なんだろう」
「わしらの祖先は寒暖差が激しい砂漠で暮らしていた。ゆえに本能的に暖かい環境をもとめるんじゃ。そういう場所をつくるといい」
「例えば、こたつとか？」
「わかってきたのう。こたつは、猫のふるさとである砂漠

を再現した理想空間じゃ」

「そうか！　猫がいて、こたつのあるブックカフェをつくればいいんだ！」

「かつての『茶の間』に代わる、新しい空間を再現するんじゃ」

　メニュー開発も進んでいた。毎日、名物メニューの試作に明け暮れた。迷ったあげく「ねこまんま」をコンセプトにすることにした。ねこまんまは、僕のソウルフードでもある。猫島で育った僕は、貧乏だったので毎日、ねこまんまだった。しかし、母がいろいろ工夫してくれて、夏に「冷や汁ねこまんま」や「カレーねこまんま」、冬は「豚汁ねこまんま」や「リゾットねこまんま」など、ありとあらゆるねこまんまを食べていたのだ。それがここで役に立った。

　ねこまんまの歴史は古い。日本では1000年以上の歴史があるという説もあり、飢餓、戦災が多かった時代にはしばしば庶民の主食となっていた。その後も現代に至るまで、庶民の空腹を満たす日常食の代表的存在となっていたのだ。

　最近では、ねこまんまの本もたくさん出されている。なぜか巷（ちまた）で「オシャレねこまんま」が流行っているらしい。その理由としては、お金を節約、カロリーを制限などがあるが、温かいご飯に鰹節（かつおぶし）と具は、もはや日本の伝統料理といっても過言ではない。

最高のお米、最高の鰹節、のり、しょうゆ。この特別な「ねこまんま」で、勝負することにした。究極のヘルシーかつミニマルなファストフード。それが「ねこまんま」なのだ。

ネゴイズム
NEGOISM

世界を「猫中心」に考える思考や行動、哲学のこと。
ささやかなわがままを許す「猫のエゴイズム」。

数ヶ月が過ぎ、オープンの日が近づいていた。開店は、縁起の良い猫月猫日、「2月22日」にした。しかし、まだ準備は終わっていない。新宿の野良猫が集まった「こたつのあるブックカフェ」は、オープン前から何かと話題になっていた。ドキュメンタリー番組の密着取材も入るほどで、ニュースの撮影クルーもたびたびやってきた。かつて僕を育ててくれた先輩たちが、フリーランスのディレクターになっており、たくさん取材に来てくれたのもうれしかった。
　そんな時、猫ジイは、こんな忠告をしてくれた。

「君は、ネゴイズムを忘れてはいけニャい。ネゴイズムとは、自分のわがまま、エゴを大切にすることじゃ」
「でも、エゴっていいことではないとされますよね」
「そうだ。人間は、わがままをいけないものだと決めつけることで、自分を苦しめている。生き物とは本来、もっとわがままなものじゃ」
「それ、なんとなくわかりますけど……」
「どんな生き物も最終的には、欠点があるから愛される。そんなものだ。みんなに好かれようとするな」
「それが、ネゴイズムなんですか？」
「猫は、人間の意向をおもいっきり無視するだろ。でも、だからこそ愛されるんじゃ。嫌われることを恐れない、それが大切じゃ。猫も人も、長所で尊敬されて、短所で愛される。愛されるには、短所をどう活かすかが大切なのじゃ」

「長所より短所か……」
「猫は、愛される技術を持っている。愛されるのは、愛するよりも難しいんじゃ」

　猫の耳を持った不思議な女性、ミミコがやってきた。
　今日は、スタッフの面接だ。募集の新聞広告を出したところ、応募がひとりだけあった。聞いてみると、彼女は元銀行員。毎日毎日お金の計算をし続けることに疲れて、自分の好きなことをしたい。それが、志望動機だった。
　そして彼女は、生まれつき、まるで猫のような耳を持っていた。その耳を見た瞬間、すぐに気がついた。あの日、新宿の路上で、猫目石を絵本と交換した女の子だ。実は、あの時にもらった絵本は大切に持っている。僕の挑戦の原点のように感じたから。

「猫娘と呼ばれて、いじめられたわ」と、ミミコは笑いながら言った。
「知ってます？　鎌倉時代に書かれた藤原定家の日記『明月記』には、猫耳のおばけが人を食い殺した、という記述があるの。神楽や狂言にも、猫耳のキャラクターがたまに登場するわ。私、思うんだけど……、猫耳って人間の中にある野性の象徴なのよ。だから、いまでも猫耳に萌える、とか言うんじゃないかしら」
「そ、そうなんだ。知らなかったよ……」

「でも、いまはこの外見を活かしたような仕事が何かないか考えているの。最近まで銀行に勤めていたけど、まったくこの耳が活かせることはなかったわ。むしろ邪魔だったの」
「それは、そうだ。僕は、誰もが自分の人生を、再利用すべきだと思うんだ。再利用というと、聞こえが悪いかもしれない。しかし、自分を活用することを、もっと考えるべきだ……」

　よくわからないことを口走っていた。
　正直に言おう……、一目惚れだった(いや正確に言うと、会うのは２回目だから二目惚れだ)。

「うたた寝って、猫が発明したのよ。知ってた？」
　ミミコが夢に出てきて、よくわからないことを問いかけてきた。僕は、思い切って新宿の中央公園に住む占い猫のスイショウに相談してみた。
「すみません。あの……恋の相談なんですが」
　占い猫は、大きな猫目石をさすりながら、僕の未来を占った。
　そして、こんなことを告げた。
「猫耳のおなごと共に、金が集まってくる……。そして、もうすぐ老いた猫が死ぬ……」
「なんだって？　老いた猫が死ぬ？　それは困るよ」
　僕は、中央公園から逃げ出した。なんとなく、ほとんど

が実際にこれから起きることのように感じた。

　翌日、僕は彼女に採用を伝え、そして告白した。
「ありがとう。わかっているわ。私たちつき合うべきなのよ」

7

　オープンの準備は、大変だった。まずは、集めたスタッフ猫の接客トレーニングだ。
　お客さんは、猫との触れ合いをサービスとして求める。店内に放し飼いにされている猫を眺めたり、一緒に遊んだりしたいのだ。しかし、スタッフ猫たちはうまくできない。ツンデレラばかりだ。あまりに、いい加減だった。困った僕は、猫ジイに相談した。

「それは仕方ない。猫を機械化することは、機械を猫化するよりも難しいんじゃ。『ねこ加減』な生き方から学ぶこともある」
「ねこかげん？」
「ねこ加減とは、自分本来の生き方を大切にして、ありのままにいれば、素晴らしい生き方ができるという考え方じゃ」
「でもそれじゃあ、スタッフ猫は接客をしない。お店として、お客さんが求めるサービスを提供できません」
「求めたとおりのサービスが受けられれば、君の店に来る客は満足するのか？　それなら機械に接客させればよい。

君は機械化された猫を求めておるのか？　それともネゴイズムを大切にする、ねこ加減で気ままな猫か？」
「気ままな猫がいいです……」
「そうじゃろう。人間も猫も、難しいことを考えず、自分の思うままに行動するのが幸せのコツじゃ。そもそも、君はすでにちゃんとネゴイズムを行動にうつしているではニャいか」

　すでに行動にうつしている？　そう言われてハッとした。占い猫に「猫耳のおなごと共に／老いた猫が死ぬ」と予言されたのに、彼女を雇ってしまっていたんだ……。

ネコトピア
NECOTOPIA

どこにもない猫の楽園。猫が暮らす究極の理想郷。
空想上の猫的理想社会のこと。

いつの間にか本格的な冬となり、冷たい風が棘のように突き刺さる。「ネコトピア」のオープンが、せまってきた。店は、僕とミミコのふたりで切り盛りすることになった。
　猫の理想郷。空想上の猫的理想社会。ネコトピアがもうすぐ完成する。
　お店は、とても狭い。しかし、猫にとっては居心地がよく、みんなで助け合って準備した。僕たちが着ている「Cat's Meow!」と書かれたTシャツが、もうしっくり馴染んでいた。
　来週、無事にオープンを迎えるということで、僕は猫ジイにお礼を言いに行くことにした。

「本当にありがとうございました」
「何を言うんだ。まだ君は何もしていニャいだろ」
「確かに。そうですね」
「大事なのはこれまで何をしたかということではニャい。これから何をするかということじゃ。君に言わなければいけないことがある。わしはそろそろ、死ぬんじゃ」
「え？」
「いいタイミングなんじゃ。このまま、ずっと生きていても意味がニャい。それくらい君にもわかるじゃろ。死という結末があるからこそ、生が魅力的なんじゃ」
「でも、猫ジイがいなくなったら困るよ。僕には商売の才能がない。それくらいは自分でもわかっているんだ」

「わかっとらんな。自分の能力にあった仕事を広い世界の中から探し出す力を才能と呼ぶんじゃ。大丈夫。誰にも認められないかもしれないが、それでいいのじゃ」
「え……？」
「世界の評価は、みな他人の基準によって決められている。しかし、自分のことくらい、自分の基準で評価するべきなんじゃ」
「……はい」
「人間は、他人より優れた存在になろうとするから苦しむ。自分を基準に、いまよりも未来の自分を少しずつバージョンアップすればいいのじゃ。未完のものを少しずつ完成に近づければいい」
「わかりました」

　結局のところ……、猫のように毎日を新鮮な目で眺め、運動したり、ダラダラしたり、何事にも興味を持って、ぐっすり眠る。猫に学ぶ幸せの法則は、こんな簡単なことなのかもしれない。

　猫が、春を咥えてやってきた。
　前日までの寒さが嘘のような、暖かい日差しが射し込むいい朝だった。猫のいるブックカフェ「ネコトピア」は、いよいよオープンだ。いつも賑やかな新宿の町が、なんだか静まりかえっていた。
　そして、猫ジイは、お店にやってきた。開店を見届ける

ためだ。

「夢みたいですね。人生にあれほど絶望していた僕が、1年足らずで自分の店をつくれるなんて。すべては、猫ジイのおかげです」
「わしは手助けしたにすぎん。君は、すでに自分の中に埋まっていた資源を掘り出しただけじゃ」
　猫ジイは、店を見回すと、ホッとしたような顔で僕を見つめた。
「死ぬのは怖くないですか？」
「人生が終わるのは怖くニャいが、人生が始まらないというのはかなり恐ろしいことじゃ。死んでも何も変わらないが、生きると何かが変わる。そんなもんじゃ」

　そう言うと猫ジイは、まるで僕の影であったかのように、音もなく立ち去った。後ろも振り返らず、雑踏に吸い込まれていく。
　見えなくなるまで、僕たちは猫ジイに手を振った。
「ありがとう。さようなら」

　人ごみに消える猫ジイを見つめる僕たちの眼には、うっすらと涙が浮かび、新宿の街に溢れる新しい光が反射してキラキラ光っていた。

エピローグ
EPILOGUE

世界をとりまく、力のある「かみ」は、紙幣かもしれない。
でも、もっと大切な「かみ」は本だ。
僕は、この数年間に起きた出来事を記録する必要があると感じ、ネコメンタリー小説というカタチで記録を始めた。お店は、オープンしてすでに3年が過ぎた。ミミコともうまくやっているし、もうすぐ結婚する予定だ。最近では、ブックカフェ「ネコトピア」ができるまでを映画化しないかというオファーまで来ている。

「商売とは結局、感動を与えることでしかない」という大切なことにも気がついた。「自分のためだけにお金を使っても、それ以上何も生まない」そんなことも3年かかってようやくわかってきた。
驚いたのは、15年以上会っていなかった母親とも再会ができたことだ。「ネコトピア」という名前に惹かれ、偶然、母親が新宿のお店にやってきたのだ。僕は、母と和解し、いまではたまに会って、飲みに行ったり、仲良くしている。母も自分の家のレシピである「ねこまんま」がこんなにも人気があるなんて信じられない、と驚いていた。
そして、久しぶりに生まれ故郷、田代島に帰って、この原稿

を書いている。

宮城県牡鹿半島の南西にある田代島。江戸時代は仙台藩の流刑の地だった。実は「ひょっこりひょうたん島」のモデルとも言われている。僕の先祖は、この島で代々、漁業と養蚕をしていたのだ。
現在の人口は、約80人。猫は100匹以上いる。人より猫の方が多い。そして、この島には、不思議な話が伝わっている。

むかしむかし。東北の小さな島に住む漁師が、満月の夜、家に向かって歩いていた。港に猫が集まっていたので、こっそり様子を窺ってみたところ、猫たちが葬式のような儀式を行い、人間の言葉で話をしていた。猫たちは「猫神さまが死んだ」と言い、泣いていた。
翌日、漁師が妻にその話をしていたところ、横で寝ていた飼い猫が、びっくりして飛び起きた。
「何だって！　それならおらが次の神さまだ」
猫は、そう叫ぶとネズミ色の毛をたなびかせ、港へと走って行った。
そして、猫は二度と帰ってはこなかった。

その直後、浜に魚の大群が押し寄せた。
漁師はあっという間に、大金持ちになってしまった。
そこで、漁師は全財産を使い、島の真ん中に大きな神社を

建て猫神さまを祀った。お金はなくなってしまったが、漁師は幸せだった。
ネズミ色の猫神さまは、いまも生きているという噂だが、まだ誰も見たことはない。

僕は、久しぶりに実家に行ってみた。もう誰も住んでいない。僕が東京に出てからは、おばあちゃんがひとりで住んでいた古い家だ。
ここで僕は、おばあちゃんが遺した家族写真を見ていて驚いた。なんと猫ジイが、写真に一緒に写っているではないか。これはどういうことなのか……。

(完)

おわりに

猫から学ぶ「やらないこと」をめぐる冒険は、いかがでしたか？
実際に断捨離思考を実践してみたご感想は？
いまやるべきこと、やらないほうがよいこと。両方のバランスが大切であることがわかったと思います。

でも、一番大事なことを書き忘れていました。
それは、「やらないことリスト」に束縛されすぎないことです。
矛盾するようですが、このリストに縛られていては、真の自由は手に入りません。いつだって遊び心を忘れない猫のような柔軟な発想で、この本を楽しんでいただければうれしいです。

編集を担当してくれた高梨佳苗さん、素晴らしいデザインに仕上げてくれたNILSON design studioの望月昭秀さん。かわいい猫の写真を提供してくれた寺田和代さん、岡本笑美子さんと猫のmoiちゃん。猫に関するアドバイスをくれた世界文庫アカデミーの藤山茜さん、高橋菜美子さん。そして、多大なる創作のヒントを与えてくれた「Cat's Meow Books」の安村正也さん。本当にありがとうございました。

ナカムラクニオ

PROFILE

ナカムラクニオ

1971年東京生まれ。映像ディレクター、荻窪のブックカフェ「6次元」店主。著書に『人が集まる「つなぎ場」のつくり方——都市型茶室「6次元」の発想とは』(CCCメディアハウス)、『さんぽで感じる村上春樹』(ダイヤモンド社)、『パラレルキャリア』(晶文社)、『金継ぎ手帖』(玄光社)、責任編集短編小説集『ブックトープ山形』(東北芸術工科大学)などがある。

ブックデザイン　望月昭秀 (NILSON)
カバー写真　寺田和代
本文写真　ナカムラクニオ＋寺田和代
本文イラスト　ナカムラクニオ

猫思考
自由に生きるためにやらニャいことAtoZ

2018年4月30日　第1刷発行

著者　ナカムラクニオ
発行者　遅塚久美子
発行所　株式会社ホーム社
　　　〒101-0051 東京都千代田区神田神保町3-29 共同ビル
　　　電話　編集部　03-5211-2966
発売元　株式会社集英社
　　　〒101-8050 東京都千代田区一ツ橋2-5-10
　　　電話　販売部　03-3230-6393(書店専用)
　　　　　　読者係　03-3230-6080

印刷所　凸版印刷株式会社
製本所　凸版印刷株式会社

定価はカバーに表示してあります。
造本には十分注意しておりますが、乱丁・落丁(本のページ順序の間違いや抜け落ち)の場合はお取り替え致します。購入された書店名を明記して集英社読者係宛にお送り下さい。送料は集英社負担でお取り替え致します。但し、古書店で購入したものについてはお取り替え出来ません。
本書の一部あるいは全部を無断で複写・複製することは、法律で認められた場合を除き、著作権の侵害となります。また、業者など、読者本人以外による本書のデジタル化は、いかなる場合でも一切認められませんのでご注意下さい。

©Kunio NAKAMURA 2018, Printed in Japan
ISBN978-4-8342-5319-1 C0095